The court and city register; or, gentleman's complete annual calendar, for the year 1776; containing, I. New and correct lists of both houses of Parliament. II. The court register. III. Lists of the army, navy, ...

ECCO
PRINT EDITIONS

The court and city register; or, gentleman's complete annual calendar, for the year 1776;
containing, I. New and correct lists of both houses of Parliament. II. The court register. III.
Lists of the army, navy, ...

Multiple Contributors, See Notes
ESTCID: N048972
Reproduction from British Library
Issued both with and without an almanac.
London : printed for J. Jolliffe; J. Walter; L. Hawes and Co. J. Hinton, E. Stevens, [and 21 others in London, 1776].
[4],272p. ; 12°

Eighteenth Century
Collections Online
Print Editions

Gale ECCO Print Editions

Relive history with *Eighteenth Century Collections Online*, now available in print for the independent historian and collector. This series includes the most significant English-language and foreign-language works printed in Great Britain during the eighteenth century, and is organized in seven different subject areas including literature and language; medicine, science, and technology; and religion and philosophy. The collection also includes thousands of important works from the Americas.

The eighteenth century has been called "The Age of Enlightenment." It was a period of rapid advance in print culture and publishing, in world exploration, and in the rapid growth of science and technology – all of which had a profound impact on the political and cultural landscape. At the end of the century the American Revolution, French Revolution and Industrial Revolution, perhaps three of the most significant events in modern history, set in motion developments that eventually dominated world political, economic, and social life.

In a groundbreaking effort, Gale initiated a revolution of its own: digitization of epic proportions to preserve these invaluable works in the largest online archive of its kind. Contributions from major world libraries constitute over 175,000 original printed works. Scanned images of the actual pages, rather than transcriptions, recreate the works *as they first appeared.*

Now for the first time, these high-quality digital scans of original works are available via print-on-demand, making them readily accessible to libraries, students, independent scholars, and readers of all ages.

For our initial release we have created seven robust collections to form one the world's most comprehensive catalogs of 18th century works.

Initial Gale ECCO Print Editions collections include:

History and Geography
Rich in titles on English life and social history, this collection spans the world as it was known to eighteenth-century historians and explorers. Titles include a wealth of travel accounts and diaries, histories of nations from throughout the world, and maps and charts of a world that was still being discovered. Students of the War of American Independence will find fascinating accounts from the British side of conflict.

Social Science

Delve into what it was like to live during the eighteenth century by reading the first-hand accounts of everyday people, including city dwellers and farmers, businessmen and bankers, artisans and merchants, artists and their patrons, politicians and their constituents. Original texts make the American, French, and Industrial revolutions vividly contemporary.

Medicine, Science and Technology

Medical theory and practice of the 1700s developed rapidly, as is evidenced by the extensive collection, which includes descriptions of diseases, their conditions, and treatments. Books on science and technology, agriculture, military technology, natural philosophy, even cookbooks, are all contained here.

Literature and Language

Western literary study flows out of eighteenth-century works by Alexander Pope, Daniel Defoe, Henry Fielding, Frances Burney, Denis Diderot, Johann Gottfried Herder, Johann Wolfgang von Goethe, and others. Experience the birth of the modern novel, or compare the development of language using dictionaries and grammar discourses.

Religion and Philosophy

The Age of Enlightenment profoundly enriched religious and philosophical understanding and continues to influence present-day thinking. Works collected here include masterpieces by David Hume, Immanuel Kant, and Jean-Jacques Rousseau, as well as religious sermons and moral debates on the issues of the day, such as the slave trade. The Age of Reason saw conflict between Protestantism and Catholicism transformed into one between faith and logic -- a debate that continues in the twenty-first century.

Law and Reference

This collection reveals the history of English common law and Empire law in a vastly changing world of British expansion. Dominating the legal field is the *Commentaries of the Law of England* by Sir William Blackstone, which first appeared in 1765. Reference works such as almanacs and catalogues continue to educate us by revealing the day-to-day workings of society.

Fine Arts

The eighteenth-century fascination with Greek and Roman antiquity followed the systematic excavation of the ruins at Pompeii and Herculaneum in southern Italy; and after 1750 a neoclassical style dominated all artistic fields. The titles here trace developments in mostly English-language works on painting, sculpture, architecture, music, theater, and other disciplines. Instructional works on musical instruments, catalogs of art objects, comic operas, and more are also included.

The BiblioLife Network

This project was made possible in part by the BiblioLife Network (BLN), a project aimed at addressing some of the huge challenges facing book preservationists around the world. The BLN includes libraries, library networks, archives, subject matter experts, online communities and library service providers. We believe every book ever published should be available as a high-quality print reproduction; printed on-demand anywhere in the world. This insures the ongoing accessibility of the content and helps generate sustainable revenue for the libraries and organizations that work to preserve these important materials.

The following book is in the "public domain" and represents an authentic reproduction of the text as printed by the original publisher. While we have attempted to accurately maintain the integrity of the original work, there are sometimes problems with the original work or the micro-film from which the books were digitized. This can result in minor errors in reproduction. Possible imperfections include missing and blurred pages, poor pictures, markings and other reproduction issues beyond our control. Because this work is culturally important, we have made it available as part of our commitment to protecting, preserving, and promoting the world's literature.

GUIDE TO FOLD-OUTS MAPS and OVERSIZED IMAGES

The book you are reading was digitized from microfilm captured over the past thirty to forty years. Years after the creation of the original microfilm, the book was converted to digital files and made available in an online database.

In an online database, page images do not need to conform to the size restrictions found in a printed book. When converting these images back into a printed bound book, the page sizes are standardized in ways that maintain the detail of the original. For large images, such as fold-out maps, the original page image is split into two or more pages

Guidelines used to determine how to split the page image follows:

• Some images are split vertically; large images require vertical and horizontal splits.
• For horizontal splits, the content is split left to right.
• For vertical splits, the content is split from top to bottom.
• For both vertical and horizontal splits, the image is processed from top left to bottom right.

THE
COURT and CITY
REGISTER;

OR,

GENTLEMAN'S Complete

ANNUAL CALENDAR,

For the Year 1776;

CONTAINING,

New and Correct LISTS of both
HOUSES of PARLIAMENT.

The COURT REGISTER.

I. LISTS of the ARMY, NAVY,
UNIVERSITIFS, PUBLIC OFFICES,
HOSPITALS, &c.

With many Improvements, and the Addition
of some new LISTS.

LONDON:

Printed for J. JOLLIFFE, in *St James's-street*,

J WALTER, at *Charing-Cross*,

HAWES and Co. J. HINTON, E. STEVENS, T.
ASLON, E and C DILLY, J. ROBSON, J WILLIAMS,
CROWDER, G. ROBINSON, B. LAW, J. WILKIE,
NICOLL, W. STUART, E. JOHNSTON, T LOWNDS,
LONGMAN, J. FULLER, E. JOHNSON, G. HAWKINS,
HUGHS, W. DAVIS, J. ALMON, W. FLEXNEY,
d B. COLLINS.

(Price 2s. bound, and with an Almanack, 2s 6d.)

INDEX.

CARDANUS RIDER'
Sheet Almanack,
For the Year of our LORD GOD 1776
Being BISSEXTILE, or LEAP-YEAR.

LONDON:
Printed for the Company of STATIONERS, and Sold b
G. HAWKINS, at their HALL, near Ludgate Street.

[Price Six-pence.]

Common Notes and Moveable FEASTS in 1776.

Dominical Letters	G F	Shrove Sunday 18 February,
Golden Number - - -	10	Eafter Day - - 7 April.
Cycle of the Sun - -	21	Whitfunday - 26 May.
Epact - - - - - -	9	Trinity Sunday - 2 June.
Roman Indiction - - -	9	Advent Sunday 1 December

Venus is a Morning Star to the 10th Day of *Augutt*; and after
that an Evening Star unto the Year's end.

Jupiter is an Evening Star from the beginning of the Year to
the 24th Day of *June*, and from thence continues a Morning
Star to the Year's end.

Six ECLIPSES will happen in 1776, in the following Order

I. *Jan.* 21, the Sun will be
eclipfed, near 3 in the Morning, invifible.

II. *Feb* 4, the Moon will be
totally eclipfed, near 2 in the
Afternoon, invifible

III. *Feb.* 19, the Sun will be
eclipfed, at ½ paft 1 in the Afternoon, invifible.

IV. *July* 15, the Sun will
be eclipfed, near 3 in the Afternoon, invifible.

V *July* 30, the Moon will
be totally eclipfed, and will be
vifible to us, and moft Parts of
Europe,

Begins 10h. 8m. Immerfion
11h. 8m. Middle 11h. 56m.
Emerfion 12h 44m. End 13h.
43m. Afternoon Digits eclipfed
near 19°.

VI. *Aug.* 14, there will be
a very fmall Eclipfe of the Sun
near 6 in the Morn. invifible.

TERMS.] The Days on which the four Law Terms begin
and end are mentioned in the feveral Months of the Almanack
on which they happen. The firft and laft Days of every Term
are the firft and laft Days of Appearance. No fittings in *Weft-
minfter-Hall* on Feb. 2, Afcenfion Day, and Midfummer Day.

GEORGE III. b. June 4, 1738, proclaimed King of Great Britain, France, and Ireland, Oct. 26, 1760. mar. 8, 1761, to the Prs Charlotte, of Mecklenburgh Strelitz, May 19, 1744. Crowned Sept 22, 1761. Their issue are,

1. G. Aug Fred Pr. of Wales, b. Aug 12, 1762 K G.—2. Frederick, b. Aug. 16, 1763; elected Bishop of Osnaburgh, Feb. 27, 1764, K. G and K B —3. Pr William Henry, b Aug. 21765, K T —4. Charlotte Augusta, Prs Royal of England, Sept 29, 1766 —5 Pr Edward, b. Nov 2, 1767 —6 Prs Augusta Sophia, b Nov. 8, 1768.—7 Prs Elizabeth, b May 22, 1770.—8. Pr Ernest Augustus, b. Jun 5, 1771 —9 Pr Augustus Frederick, b Jan. 27, 1773.—10. Pr. Adolphus Frederick, Feb. 24, 1774.

Brothers and Sister to his Majesty.—1 Her R H. Augusta, b. Nov. 11, 1737, mar to the Hereditary Pr of Brunswick Wolfenbuttel, Jan 16, 1764.—2 Pr William Henry, D of Gloucester, Nov. 25, 1743 —3 Pr. Hen Frederick, D of Cumberland, Nov 7, 1745

His late Majesty's issue by Queen Caroline, now living, Princess Amelia Sophia, born June 10, 1711

FRANCE] LEWIS XVI. K. of France and Navarre, b. Aug. 1754, mar. May 17, 1770, to Maria Antonietta Archduchess Austria, b Nov 2, 1755, succeeded his Grandfather Lewis XV. May 10, 1774, crowned at Rheims, June 11, 1775.

Brothers and Sisters to the King —1. Lewis Stanislaus Xavier, Count de Provence, b. Nov 17, 1755, mar May 14, 1771, to Maria Josepha Louisa, daughter of the King of Sardinia, b Sept. 1753 —2. Charles Philip Count D'Artois, b. Oct 9, 1757, mar. Nov. 16, 1773, to Maria Theresa, daughter of the King of Sardinia, b. Jan 31, 1756, by whom he has issue, a Pr. styled Duke D'Angoulême, b. Aug 6, 1775.—3. Madame Maria Adelaide Clotilda Xaviera, b Sept. 23, 1759.—4. Madame Elizabeth Philippina Maria Helena, b. May 3, 1764.

Issue of his late Majesty Lewis XV. and Maria Leszinski, only daughter to Stanislaus, late King of Poland —1 Maria Adelaide, Duchess of Lorraine and Bar, b March 23, 1732 —2 Maria Louisa Theresa, b 11 May, 1733.—3 Sophia Philippina, b. 27 Feb 1734.—4. Louisa Maria, b. 15 July 1737, went into a Convent of Carmelites, and took the veil, 1770.

SPAIN]—CHARLES III. King of Spain, b. 20 Jan. 1716. Issue by his late Queen —1. Maria Josepha, b. 16 July, 1744. 2 Maria Louisa, b 24 Nov. 1745, mar 5 Aug. 1765, to the Archduke Leopold of Austria, Great D. of Tuscany —3. Philip Anthony, D. of Calabria, b. 13 June, 1747, declared incapable

of fucceeding to the throne, on account of an invincible wea
nefs of underftanding —4 Charles Anthony, Pr. of Afturias, b.
Nov. 1748, mar to Louifa Maria Therefa, Prs. of Parma,
Sept. 1765, by whom he has iffue, Charlotte, b Apr. 25, 177
—5 Ferdinand Ant. K of the Two Sicilies, b. 12 Jan 175
mar 7 April, 1768, to the Archduchefs Mary Caroline Louifa.
6 Gabriel Anthony, b 11 May, 1752, Grand Prior of Spain.
7. Anthony Pafcall, b 31 Dec 1755.

PORTUGAL]—JOSEPH, King, b. 6 June, 1714; m
31 March, 1732, to Mary Anne Victoria, Infanta of Spain, b.
Mar. 1718. Their iffue,—1. Maria Frances Ifab Prs. of Braz
b 7 Dec 1734, mar (1760) to her uncle, Don Pedro, by whm
fhe has iffue, 1 Jofeph Francis Xavier, Pr of Beira, b. 21 A
1761 2 John Maria Jofeph Lewis, b. 13 May, 1767. 3. Ma
Anna Victoria, b 15 Dec. 1768 —2 Anna Frances Antonie
b. 8 October, 1736 —3 Maria Benedicta, b 24 July 1746.
Don Pedro Clement, (brother to the King,) b 5 July 171
F R S married his niece the Princefs of Brazil, 1760

DENMARK and NORWAY]—CHRISTIAN VII. K
Denmark, LL D & F R S b 29 Jan 1749, m. to Princefs Car
line Matilda of England, 8 Nov 1766, who died 11 May 177
and has iffue, 1 Frederick, Pr. Royal, b. Jan 28, 1768.—
Louifa Augufta, Prs. Royal, b July 7, 1771

SWEDEN.]—GUSTAVUS III of Helftein Gottorp, K
of Sweden, b 24 Jan 1746, mar Nov 4, 1766, to the P
Royal of Denmark —Brothers and Sifter to the King of Swede
1. Charles D. of Sundermainland, b. 7 Oct 1748 —2. Fr
derick Adolphus, D of Weftgothland, b 18 July 1750 —3 S
phia Albertina, born Oct 1753, elected in 1767, Coadjut
to the abbefs of Quedlinbourg.

GERMANY.]— JOSEPH BENEDICT AUGUSTU
b. 13 Mar. 1741, crowned K. of the Romans in 1764, fu
ceeded his father as Emp. 18 Aug. 1765. mar. the Prs. J
fephina Maria of Bavaria, 23 Jan 1765, who died in 1767.

Brothers and Sifters to the Emperor,—1. Mary Anne, b.
Oct 1738 —2 Maria Chriftina Jofepha, b 13 May 1742, ma
8 April 1766, to Pr Albert of Saxony.—3 Mary Elizabet
b 13 Aug 1743 —4. Maria Amelia Jofepha, b 26 Feb. 174
mar to the reigning D. of Parma, 27 June 1769.—5 Peter L
pold, b. 5 May 1747, Gr D of Tufcany, gov general of t
Milanefe, and col. of foot in the Ruffian fervice, mar 16 Fe
1764, to the Prs. Maria Louifa of Spain —6 Mary Caroli
Louifa, b 13 Aug. 1752, mar 7 April 1768, to the K
of the Two Sicilies —7. Ferdinand Charles Antoine, b. 1 J
1754, mar. to the Prs. Maria Beatrice of Modena.—8. Mar

ietta, b 2 Novem 1755, mar. to the King of France,
—9. Maximilian Francis, b. Decem. 8, 1756; elected
utor to Pr. Charles of Lorrain, as Grand Master of the
nic Order, 3 Oct 1769.

nce Charles Alexander, of Lorrain, brother to the late, and
to the present Emperor, b December 12, 1712; and
d Master of the Teutonic Order, a widower.

ectors]—Three Ecclesiastical Electors, called Electoral
nesses, and Six Secular ones, styled most Serene Electoral
nesses.—Eccles] 1 Frederick Charles Joseph, Baron of Er-
Archbp and Elector of Mentz, b. 18 July, 1774.—2. Pr.
nt of Saxony (son of Aug. III K. of Poland) b. 28 Sept.
Archb and Elector of Treves, 10 Feb. 1768, also Bp. of
ngen and Augsbourg, by dispensation from the Pope —3.
milian Frederick, Count de Konigsegg Rothenfells, b 13
708, Archbishop and Elector of Cologn, April 6, 1761,
ot Munster, 16 Sept. 1762

cular]—1. Maria Theresa, Queen of Hungary and Bo-
, Empress Dowager of Germany, b May 13, 1717.—2.
ick Augustus III Elector and D. of Saxony, b. 23 De-
750, mar 17 Jan. 1769, to the Prs. Amelia Augusta de
Ponts.—3. Charles Frederick, Elector and Marquis of
enburg —4 Charles Theodore, D. of Newburgh Sultzbach,
r of Palatine, b. 11 December, 1724, mar. in 1742, to
Elizabeth of Sultzbach, b. 17 January, 1721 —5 Maxi-
Joseph, Elector and D. of Bavaria, b. 28 March 1727,
3 June 1747, to Mary Anne of Saxony, b 29 Aug. 1728.
George III. K. of Great Britain, Elect. of Hanover, &c.
e-Gotha.]—Ernest Lewis, D of, nephew to the late
owager of Wales, b. 30 Jan 1745; mar. 21 Mar. 1769,
ria Charlotte of Saxe Meningen, by whom he has, 1 Ernest,
Feb. 1770 2 Emilius Leopold, b. 24 Nov. 1772. His
r and sister —1 Frederica Louisa, b. 30 January 1741.—
gustus, b 14 Aug 1747.

cklenburgh.]—The house of Mecklenburgh is di-
into two branches, viz.—MecklenburghSchwerin.—Frede-
reigning D b 9 Nov 1717, mar. in 1746, Louisa Fre-
daughter of Frederick Louis, Hered. Pr. of Wurtemburgh
d, b. 3 Feb. 1722 They have no issue.—His Brothers and
are,—1 Pr. Louis, b 6 Aug. 1725, mar in 1755, Charlotte
, daughter of Francis Josias D of Saxe Cobourg Saalfeld,
ept. 1731, by whom he had issue, 1 Frederick Francis, b.
. 1756, and Sophia Frederica, b. 24 Aug 1758.—2 Prs.
Sophia, b. 1 July, 1723, governess of the convent of
.

Mecklenburgh Strelitz.—Adolphus Frederick IV. reigning (Kt. of the Garter,) b 5 May, 1738 —His Brothers and Sisters are,—1. Charles Lewis Frederick, a Lieut Gen. in the Hanoverian service, b 10 Oct 1741, mar. 18 Sept. 1768, to Frederica Charlotta Louisa of Hesse Darmstadt, by whom he has issue—1 Carolina Georgina Louisa Frederica, b 17 Nov 1769 —2 Theresa Matilda Amelia, b 5 April 1773 —2. Ernest Gotlob Albert, Major Gen. in the Hanoverian service, and governor of Zell, b 27 Aug 1742 —3 George Augustus, a Major Gen in the Imperial Service, Kt of the Danish order of the Elephant, L D b. 16 Aug. 1748.—4. Christina Sophia Albertina, b 6 Dec 1735 —5. Charlotte, Queen Consort of Great Britain

POLAND]—STANISLAUS AUGUSTUS, b 17 Jan 1732, (late Count Poniatowski,) elected King of Poland Sept 7 crowned Nov 25, 1764, F R S.

PRUSSIA]—FREDERICK III K of Prussia, and Elect. Brandenburg, b 24 Jan 1712, mar 12 June 1733, to Elizabeth Christina of Brunswick Wolfenbuttel, b. 8 Nov 1715 —The issue of William Augustus, next brother to the King, and late Pr. Royal of Prussia, by Prs Louisa Amelia of Brunswick Wolfenbuttel —1 Frederick William, Pr Royal of Prussia, b. Sept. 1744, mar. July 14, 1765, to the Prs. Elizabetha Christina Ulrica of Brunswick Wolfenbuttel, and secondly, on 14 July 1769, to Frederica Louisa of Hesse Darmstadt Issue by the first Marriage, Frederica Charlotta Ulrica Catharine, b 7 May 1767 by the latter, 1. Frederick William, b. 3 Aug 1770, 2 Frederick Louis Charles, b. 5 Nov 1773 —2. Frederica Sophia Wilhelmina, b 7 Aug. 1751, *vid* Orange.

RUSSIA.]—CATHARINE II Empress of all the Russias (Prs. of Anhalt Zerbst,) b. 2 May, 1729, ascended the throne 9 July, 1762, upon the deposition of her own husband, Peter III. She was married to him (whilst Duke of Holstein Gottorp) 1 Sept. 1745, by whom she has issue Paul Petrowitz, Gr. D. of Russia, b. 1 Oct. 1754, mar. Oct. 10. 1773, to Wilhelmina, a daughter of the Pr of Hesse Darmstadt.

SARDINIA] VICTOR AME MARIA, K. of Sardinia, and D of Savoy, b. 26 June, 1726, mar 12 Ap. 1750, to Maria Antonietta Ferdinanda Infanta of Spain, ascended the throne on the death of his father, Feb 20, 1773 Their issue are, 1. Cha. Emanuel Ferdinand Maria, Pr of Piedmont, b 24 May 1751.—2 Maria Josepha Louisa, b. 2. Sept. 1753, mar. to the Count de Provence, *vid* France —3 Maria Theresa, b 31 Jan 1756, mar. to the Count D'Artois, *vid*. France —4. Anna Maria Carolina, b. 17 Dec. 1757.—5. Victor Emanuel Cajetan, Duke d'Aoste, b. 24 July, 1759.—6. Maurice Joseph Maria. duc

ntierrat, b 12 Sept. 1762 —7 Maria Charlotta, b. 17 Jan.
4 —8 Cha Joseph, duc de Génevois, b. 6 April 1765 —
Joseph Benedict, comte de Maurienne, b. 5 Oct. 1766

ORANGE]—WILLIAM V. Pr. of Orange and Naffau, b 8
r 1748, Hereditary, Stadtholder, Cap. Gen. and Adm. of the
en United Provinces, and Kt of the Garter, mar. 4 Oct. 1767,
he Pr Frederica Sophia Wilhelmina of Pruffia, by whom
has Iffue, 1 Frederica Louifa Wilhelmina, b 28 Nov 1770;
William Frederick, hereditary Pr. b. 24 Aug 1772 , 3. William
orge Frederick, b 15 Feb 1774.

ITALY] Count BRASCHI, born at Cafena, 27 Dec. 1717,
ited a Cardinal in 1773, elected Pope 18 Feb. 1775, and
t the name of PIUS VI.

FERDINAND IV. King of the Two Sicilies, 3d fon of his
holic Majefty, b 12 Jan. 1751, mar 12 May 1768, to the
Arduchefs Mary Caroline Louifa, by whom he has five, 1
ria Therefa Caroline, b June 6, 1772, 2 Louifa Maria
elia, b. 28 July 1773

TURKEY] ACHMET IV Grand Signor, fucceeded to
throne of Turkey upon the death of his brother, the late
an, Jan 21, 1774

ORDER of PRECEDENCY in England.

After the King and Princes of the Blood, thefe great Officers of
e precede all other of the Nobility, viz. The Archbifhop of
terbury, the Lord Chancellor, or Lord Keeper of the Great
, the Archbifhop of York, the Lord Treafurer of England, the
l Prefident of the Council, and the Lord Privy Seal. Next
es.—The eldeft Sons of Dukes of the Blood Royal.—Mar-
s.—Dukes eldeft Sons —Earls.—Marquifes eldeft Sons.—
es younger Sons.—Vifcounts.—Earls eldeft Sons —Mar-
s younger Sons —Bifhops.—Barons.—Speaker of the Houfe
Commons —Vifcounts eldeft Sons.—Earls younger Sons.—
ns eldeft Sons.—Privy Counfellors, not Peers —Knights of
Garter, not Peers.—Lord Chief Juftice of the King s Bench,
after of the Rolls.—Lord Chief Juftice of the Common Pleas.
rons of the Exchequer —Mafters in Chancery.—Vifcounts
ger Sons.—Barons younger Sons.—Baronets.—Knights of
ath.—Knights Bachelors —Colonels —Serjeants at Law.—
ors —Efquires.—Laftly, Gentlemen bearing Coat-Armour.
te The ladies take place according to the degree of quality
eir hufbands.

JANUARY hath XXXI Days.

Full Moon	5 day, at 7 night
Last Quarter	14 day, at 1 morning.
New Moon	21 day, at 3 morning.
First Quarter	27 day, at 6 night.

1	M	Circumcision.		8	9	3	51	3 M
2	Tu			8	9	3	51	4
3	W			8	8	3	52	5 2
4	Th			8	7	3	53	6 2
5	F	Old Christmas Day		8	6	3	54	D rises
6	S	Epiphany.		8	5	3	55	5 A
7	G	1 Sun. after Epiphany		8	5	3	55	5 5
8	M	Plow Monday.	Lucian					6 5
9	Tu			8	3	3	57	8
10	W			8	2	3	58	9
11	Th			8	1	3	59	10
12	F	Old New Year's Day.		8	0	4	0	11
13	S	Cambridge Term beg	Hilary.					Morn.
14	G	2 Sun. after Epiphany	Ox. T beg.				0	0 1
15	M			7	56	4	4	1 2
16	Tu			7	55	4	5	2 3
17	W	Old Twelfth Day.		7	54	4	6	3 4
18	Th	Queen's Birthday kept		7	52	4	8	4 5
19	F			7	51	4	9	6
20	S	Fabian.		7	50	4	10	7
21	G	3 Sun. after Epiphany	Agnes.					D sets
22	M			7	47	4	13	6 A
23	Tu	Hilary Term begin		7	45	4	15	7 3
24	W			7	44	4	16	9
25	Th	Conversion of S. Paul		7	42	4	18	10 2
26	F			7	40	4	20	11 3
27	S	Pr Aug Fred born		7	39	4	21	Morn
28	G	4 Sun. after Epiphany		7	37	4	23	0 4
29	M			7	35	4	25	1 5
30	Tu	K. Charles I. Mart.		7	34	4	26	3
31	W			7	32	4	28	4 1

FEBRUARY hath XXIX Days.

Full Moon   4 day, at 2 afternoon.
Last Quarter 12 day, at 6 night.
New Moon   19 day, at 1 afternoon.
First Quarter 26 day, at 7 morning.

W.D.	Holy-Days and other Remarks.	☉ R.		☉ S.		Moon R. & S.	
Th		7	30	4	30	5 M	9
F	Purific. B. V. Mary.	7	29	4	31	5	58
S	Blafe.	7	27	4	33	6	39
G	Septuagefima Sunday.	7	26	4	34	☽ rifes	
M	Agatha.	7	24	4	36	5 A	45
Tu		7	22	4	38	6	48
W		7	20	4	40	7	51
Th		7	18	4	42	8	56
F		7	16	4	44	10	0
S		7	14	4	46	11	5
G	Sexagefima Sunday.	7	12	4	48	Morn.	
M	Hilary Term ends.	7	11	4	49	0	13
Tu	Old Candlemas Day.	7	9	4	51	1	21
W	Valentine.	7	7	4	53	2	30
Th		7	5	4	55	3	37
F		7	3	4	57	4	39
S		7	1	4	59	5	35
G	Quinquagefima Sund.	6	59	5	1	6	22
M		6	57	5	3	☽ fets	
Tu	Shrove Tuefday.	6	55	5	5	6 A	30
W	Afh-Wednefday.	6	53	5	7	7	52
Th		6	52	5	8	9	12
F		6	50	5	10	10	32
S	St. Matthias	Pr. Ad. Fred. born.					
G	1 Sunday in Lent	6	48	5	12	Morn.	
M		6	46	5	14	0	59
Tu		6	44	5	16	2	5
W	Ember Week.	6	42	5	18	3	4
Th		6	40	5	20	3	57

MARCH hath XXXI Days.

Full Moon   5 day, at   9 morning.
Last Quarter 13 day, at   7 morning.
New Moon   19 day, at 11 night.
First Quarter 26 day, at 10 night

1	F	David.	6	38	5	22	4	M 4
2	S	Chad.	6	36	5	24	5	1
3	F	2 Sunday in Lent.	6	34	5	26	5	5
4	M		6	32	5	28	6	
5	Tu		6	30	5	30	D	rise
6	W		6	28	5	32	6	A 5
7	Th	Perpetua.	6	26	5	34	7	5
8	F		6	24	5	36	9	
9	S		6	22	5	38	10	
10	F	3 Sunday in Lent.	6	20	5	40	11	1
11	M		6	18	5	42	Morn	
12	Tu	Gregory.	6	16	5	44	0	2
13	W		6	14	5	46	1	
14	Th		6	12	5	48	2	3
15	F		6	10	5	50	3	
16	S		6	8	5	52	4	1
17	F	Midlent Sunday.	St. Patrick.				4	9
18	M	Edward K. W. Saxons	6	4	6	56	5	
19	Tu		6	2	6	58	D	set
20	W		6	0	6	0	6	A 5
21	Th	Benedict.	5	58	6	2	8	
22	F		5	56	6	4	9	3
23	S		5	54	6	6	10	4
24	F	5 Sunday in Lent.	5	52	6	8	Mor	
25	M	Lady-Day.	5	50	6	10	0	
26	Tu		5	48	6	12	1	
27	W		5	46	6	14	2	
28	Th		5	44	6	16	2	
29	F	Cambridge Term ends.	5	42	6	18	3	
30	S	Oxford Term ends.	5	40	6	20	4	
31	F	Palm Sunday.	5	38	6	22	4	

April hath XXX Days.

Full Moon 4 day, at 3 morning.
Last Quarter 11 day, at 5 afternoon.
New Moon 18 day, at 8 morning.
First Quarter 25 day, at 3 afternoon.

M		5 36	6 24	4 M 53
Tu		5 34	6 26	5 16
W	Richard.	5 32	6 28	5 37
Th	Maunday Thursday.	5 30	6 30	☽ rises
F	Good Friday.	O. Lady D.		8 A 6
S		5 26	6 34	9 18
F	Easter Day.	5 25	6 35	10 26
M	Easter Monday	5 23	6 37	11 31
Tu	Easter Tuesday.	5 21	6 39	Morn.
W		5 19	6 41	0 35
Th		5 17	6 43	1 32
F		5 15	6 45	2 23
S		5 13	6 47	3 6
F	Low Sunday.	5 11	6 49	3 41
M		5 9	6 51	4 13
Tu		5 7	6 53	4 41
W	Oxf & Camb. T beg.	5 5	6 55	5 8
Th		5 3	6 57	☽ sets
F	Alphege.	5 2	6 58	8 A 31
S		5 0	7 0	9 47
F	2 Sunday after Easter.	4 58	7 2	10 57
M		4 56	7 4	Morn
Tu	St. George	4 54	7 6	0 1
W	Easter Term begins.	4 53	7 7	0 51
Th	St. Mark	4 51	7 9	1 35
F		4 49	7 11	2 10
S		4 47	7 13	2 39
F	3 Sunday after Easter.	4 45	7 15	3 4
M		4 44	7 16	3 28
Tu		4 42	7 18	3 49

May hath XXXI Days.

Full Moon   3 day, at 6 afternoon.
Laſt Quarter 10 day, at midnight.
New Moon   17 day, at 5 afternoon.
Firſt Quarter 25 day, at 9 morning

1	W	St. Philip & St. James.	4 40	7 20	4 M.
2	Tu		4 38	7 22	4 2
3	F		4 36	7 24	☽ riſes
4	S		4 34	7 26	8 A 2
5	F	4 Sunday after Eaſter.	4 33	7 27	9 2
6	M	St. John A. P. L.	4 31	7 29	10 3
7	Tu		4 29	7 31	11 3
8	W		4 28	7 32	Morn
9	Th		4 26	7 34	0 2
10	F		4 24	7 36	1 1
11	S		4 23	7 37	1 4
12	F	Rogation Sunday.	⊙ May ☽		2 1
13	M		4 20	7 40	2 4
14	Tu		4 19	7 41	3 1
15	W		4 17	7 43	3 3
16	Th	Holy Thurſday.	4 16	7 44	4
17	F		4 15	7 45	☽ ſets
18	S		4 13	7 47	8 A 4
19	F	5 Sunday after Eaſter.	♀ Char b.		9 4
20	M	Eaſter Term ends.	4 10	7 50	10 4
21	Tu		4 9	7 51	11 3
22	W	Prs. Elizabeth born.	4 8	7 52	Morn.
23	Th		4 7	7 53	0 1
24	F	Oxford Term ends.	4 5	7 55	0 4
25	S		4 4	7 56	1 1
26	F	Whitſunday.	Auguſtine.		1 2
27	M	Whit Monday.	V. Bede.		1 5
28	Tu	Whit Tueſday	4 1	7 59	2 1
29	W	K. Charles II. Reſt.	4 0	8 0	2 2
30	Th	Ember Week.	3 59	8 1	2 2
31	F		3 58	8 2	3

JUNE hath XXX Days.

Full Moon	2 day, at 6 morning.			
Last Quarter	9 day, at 4 morning.			
New Moon	16 day, at 3 morning.			
First Quarter	24 day, at 2 morning.			

S	Nicomede.	3 57	8 3	3 M 46	
F	Trinity Sunday.	3 56	8 4	☽ rises	
M		3 55	8 5	9 A 28	
Tu	L. George III. born.	3 55	8 5	10 24	
W	Pr. Ernest Aug. born.	Oxf. Term begins.			
Th	Corpus Christi.	3 53	8 7	11 51	
F	Trinity Term begins.	3 53	8 7	Morn.	
S		3 52	8 8	0 23	
F	1 Sunday after Trin.	3 51	8 9	0 51	
M	Prs. Amelia born.	3 51	8 9	1 17	
Tu	St. Barnabas.	3 50	8 10	1 39	
W		3 50	8 10	2 3	
Th		3 50	8 10	2 34	
F		3 49	8 11	3 1	
S		3 49	8 11	3 34	
F	2 Sunday after Trin.	3 48	8 12	☽ sets	
M	St. Alban.	3 48	8 12	9 A 15	
Tu		3 48	8 12	10 4	
W		3 48	8 12	10 40	
Th	Pr. Edw. K. W. Sax.	3 47	8 13	11 8	
F	Longest Day.	3 47	8 13	11 32	
S		3 47	8 13	11 54	
F	3 Sunday after Trin.	3 48	8 12	Morn.	
M	St. John Baptist.	3 48	8 12	0 14	
Tu		3 48	8 12	0 33	
W	Trinity Term ends.	3 48	8 12	0 54	
Th		3 48	8 12	1 16	
F		3 49	8 11	1 40	
S	St. Peter.	3 49	8 11	2 11	
F	4 Sunday after Trin.	3 50	8 10	2 48	

July hath XXXI Days.

Full Moon	1 day,	at 3 afternoon,
Last Quarter	8 day,	at 9 morning
New Moon	15 day,	at 3 afternoon.
First Quarter	23 day,	at 6 afternoon.
Full Moon	30 day,	at midnight

1	M		3	50	8 10	☽ rise
2	Tu	Cambridge Comm.	3	51	8 9	9 A
3	W		3	51	8 9	9
4	Th		3	52	8 8	10
5	F	Cambridge Term ends.		Old Midsum. Day
6	S		3	53	8 7	11
7	F	5 Sunday after Trin.	T. aBecket.	11
8	M	Oxford Act.	3	54	8 6	Mon
9	Tu		3	55	8 5	0
10	W		3	56	8 4	0
11	Th		3	57	8 3	0
12	F		3	58	8 2	1
13	S	Oxford Term ends	3	59	8 1	2
14	F	6 Sunday after Trin.	4	0	8 0	2
15	M	Swithin.	4	1	7 59	☽ set
16	Tu		4	2	7 58	8 A
17	W		4	3	7 57	9
18	Th		4	4	7 56	9
19	F		4	5	7 55	9
20	S	Margaret V. and M.	4	6	7 54	10
21	F	7 Sunday after Trin.	4	8	7 52	10
22	M	St. Mary Magdalene.	4	9	7 51	10
23	Tu		4	10	7 50	11
24	W		4	12	7 48	11
25	Th	St. James.	4	13	7 47	Mon
26	F	Anne.	4	15	7 45	0
27	S		4	16	7 44	0
28	F	8 Sunday after Trin.	4	18	7 42	1
29	M		4	19	7 41	2
30	Tu	Dog Days begin.	4	21	7 39	☽ rise
31	W		4	22	7 38	8 A

August hath XXXI Days.

Laft Quarter   6 day, at 3 afternoon.
New Moon   14 day, at 6 morning.
Firft Quarter 22 day, at 9 morning.
Full Moon   29 day, at 8 morning.

Th	Lammas Day.	4	24	7	36	8 A	40
F		4	25	7	35	9	17
S		4	27	7	33	9	43
!	9 Sunday after Trin.	4	29	7	31	10	8
M		4	30	7	30	10	33
Tu	Transfiguration.	4	32	7	28	11	0
W		4	33	7	27	11	30
Th		4	35	7	25	Morn.	
F		4	36	7	24	0	6
S	St. Laurence.	4	38	7	22	0	49
F	10 Sunday after Trin.	Prs. Brunfwick bo.					
M	Pr. Wales born.	Old Lammas Day.					
Tu		4	43	7	17	3	36
W		4	45	7	15	☽ fets	
Th	Affumpt. B. V. M.	4	47	7	13	8 A	1
F	Pr. Frederick born.	4	49	7	11	8	22
S		4	50	7	10	8	42
F	11 Sunday after Trin.	4	52	7	8	9	2
M		4	54	7	6	9	23
Tu		4	56	7	4	9	45
W	Pr. Will. Hen. born.	4	58	7	2	10	9
Th		4	59	7	1	10	39
F		5	1	6	59	11	16
S	St. Bartholomew.	5	3	6	57	Morn.	
F	12 Sunday after Trin.	5	5	6	55	0	1
M		5	7	6	53	1	0
Tu		5	9	6	51	2	10
W	St. Auguftine.	5	10	6	50	3	27
Th	St. J. Bapt. beheaded.	5	12	6	48	☽ rifes	
F		5	14	6	46	7 A	48
S		5	16	6	44	8	15

September hath XXX Days.

Last Quarter   4 day, at 11 night.
New Moon   12 day, at 10 night.
First Quarter 20 day, at 11 night,
Full Moon   27 day, at 4 afternoon.

Day		Event			
1	F	13 Sunday after Trin.	Giles		8 A
2	M	London burnt, 1666.	5 20	6 40	9
3	Tu	O. S.	5 22	6 38	9
4	W		5 24	6 36	10
5	Th		5 26	6 34	10
6	F		5 28	6 32	11
7	S	Dog Days end.	5 30	6 30	Mor
8	F	14 Sunday after Trin.	Nativ. B. V. Ma
9	M		5 34	6 26	1
10	Tu		5 36	6 24	2
11	W		5 38	6 22	3
12	Th		5 40	6 20	D se
13	F		5 41	6 19	6 A
14	S	Holy Cross Day.	5 43	6 17	7
15	F	15 Sunday after Trin.	5 45	6 15	7
16	M		5 47	6 13	7
17	Tu	Lambert.	5 49	6 11	8
18	W	Ember Week.	5 51	6 9	8
19	Th		5 53	6 7	9
20	F		5 55	6 5	10
21	S	St. Matthew.	5 57	6 3	10
22	F	16 Sunday after Trin.	K. Geo III. crow
23	M		6 1	5 59	Mor
24	Tu		6 3	5 57	1
25	W		6 5	5 55	2
26	Th	St. Cyprian.	6 7	5 53	3
27	F		6 9	5 51	D ris
28	S		6 11	5 49	6 A
29	F	17 S aft Tr S Mich	Prs. Charl Aug.
30	M	St. Jerome.	6 15	5 45	7

OCTOBER hath XXXI Days.

Last Quarter   4 day, at 11 morning.
New Moon   12 day, at 3 afternoon
First Quarter 20 day, at 10 morning.
Full Moon   27 day, at 1 morning.

T	1	Remigius.	6	17	5 43	8 A 20
W			6	19	5 41	9 0
Th			6	21	5 39	9 46
F			6	23	5 37	10 39
S			6	25	5 35	11 38
F	18 Sunday after Trin.	Faith			Morn.
M			6	29	5 31	0 40
Tu			6	31	5 29	1 46
W	St. Denys.		6	32	5 28	2 49
Th	Oxf. & Camb T beg.	Old Michaelmas D.
F			6	36	5 24	4 58
S			6	38	5 22	☽ sets
F	19 Sunday after Trin.	Tr. K. Edw. Conf.
M			6	42	5 18	6 A 33
Tu			6	44	5 16	6 58
W			6	46	5 14	7 29
Th	Etheldred.		6	48	5 12	8 6
F	St. Luke		6	50	5 10	8 54
S			6	52	5 8	9 50
F	20 Sunday after Trin.	6	54	5 6	10 58
M			6	56	5 4	Morn.
Tu			6	58	5 2	0 10
W			7	0	5 0	1 30
Th			7	2	4 58	2 52
F	K. Geo. III. Accession	Crispin.			4 17
S	K. Geo. III. procl.	7	6	4 54	5 41
F	21 Sunday after Trin.	7	8	4 52	☽ rises
M	St. Simon & St Jude.	7	9	4 51	6 A 18
Tu			7	11	4 49	6 55
W			7	13	4 47	7 38
Th			7	14	4 46	8 32

November hath XXX Days.

Last Quarter   3 day, at 4 morning.
New Moon   11 day, at 8 morning.
First Quarter 18 day, at 8 night.
Full Moon   25 day, at noon.

1	F	All Saints.	7	16	4	44	9 A
2	S	Pr Edw. b. All Souls.	7	18	4	42	10
3	F	22 Sunday after Trin.	7	20	4	40	11
4	M		7	21	4	39	Morn
5	Tu	Papists Conspiracy	7	23	4	37	0 4
6	W	Mich. Term begins.	7	25	4	35	1
7	Th	D Cumberland born.	7	27	4	33	2
8	F	Prs Sophia Aug born.	7	29	4	31	3
9	S	Lord Mayor Day at London.	7	30	4	30	5
10	F	23 Sunday after Trin	7	32	4	28	6
11	M	Martinmas.	7	34	4	26	D sets
12	Tu		7	36	4	24	5 A
13	W	Britius.	7	37	4	23	6
14	Th		7	39	4	21	6
15	F	Machutus.	7	40	4	20	7
16	S		7	42	4	18	8
17	F	24 Sun after Trin.	Hugh Bp Lincoln				
18	M		7	45	4	15	11
19	Tu		7	46	4	14	Morn
20	W	Edmund K. and M	7	48	4	12	0
21	Th		7	49	4	11	1
22	F	Old Martinmas Day.	7	50	4	10	3
23	S	St. Clement.	7	52	4	8	4
24	F	25 Sunday after Trin.	7	53	4	7	5
25	M	D Gloucester born.	7	54	4	6	D rise
26	Tu		7	56	4	4	5 A
27	W		7	57	4	3	6
28	Th	Mich Term ends.	7	59	4	1	7
29	F		8	0	4	0	8
30	S	St. Andrew.	8	1	3	59	9

December hath XXXI Days.

Last Quarter 2 day, at midnight.
New Moon 11 day, at 1 morning.
First Quarter 18 day, at 4 morning.
Full Moon 25 day, at 1 morning.

F	Advent Sunday.	8	2	3 58	10 A 21	
M		8	3	3 57	11	23
Tu		8	4	3 56	Morn.	
W		8	5	3 55	0	31
Th		8	5	3 55	1	36
F	Nicholas.	8	6	3 54	2	40
S		8	7	3 53	3	45
F	2 Sunday in Advent.	Conc.B.V.M			4	50
M		8	9	3 51	5	58
Tu		8	10	3 50	7	4
W		8	10	3 50	☽ sets	
Th		8	11	3 49	5 A 28	
F	Lucy.	8	11	3 49	6	26
S		8	11	3 49	7	34
F	3 Sunday in Advent.	8	12	3 48	8	48
M	Cambridge Term ends.	8	12	3 48	10	5
Tu	Oxford Term ends.	8	12	3 48	11	24
W	Ember Week.	8	12	3 48	Morn.	
Th		8	12	3 48	0	43
F		8	13	3 47	2	1
S	St. Thomas.	Shortest D.			3	20
F	4 Sunday in Advent.	8	13	3 47	4	39
M		8	13	3 47	5	56
Tu		8	12	3 48	7	7
W	Christmas Day.	8	12	3 48	☽ rises	
Th	St. Stephen	8	12	3 48	5 A 37	
F	St. John Evangelist.	8	11	3 49	6	43
S	Holy Innocents	8	11	3 49	7	49
F	1 Sund. aft. Christmas.	8	10	3 50	8	56
M		8	10	3 50	10	1
Tu	Silvester.	8	9	3 51	11	6

CPSIA information can be obtained at www.ICGtesting.com
Printed in the USA
BVOW02s1150111214

378955BV00019B/414/P

Vortr#ge, Gehalten Im Alterthumsvereine Zu Wien, Am 9., 16. Und 23. Dezember 1859: 1. Die Typologischen Bilderkreise Des Mittelalters, 2. Ueber Volkstrachten Im Mittelalter, 3. Die Porta Aurea Und Der Dicletianische Kaiserpallast Zu Spalato

Gustav von Heider, Jakob von Falke, Rudolf Eitelberger von Edelberg

Vorträge, gehalten im Alterthumsvereine zu Wien, am 9., 16. und 23. Dezember 1859.

1. Die typologischen Bilderkreise des Mittelalters, von Dr. G. Heider.
2. Ueber Volkstrachten im Mittelalter, von J. Falke.
3. Die Porta aurea und der Diocletianische Kaiserpallast zu Spalato, von Professor R. v. Eitelberger.

Wien, 1860.

Aus der kaiserlich-königlichen Hof- und Staatsdruckerei.

Bereits zum dritten Male hat der Ausschuß des Alterthums-Vereines zu Wien den Versuch gemacht, auf anderem Wege als dem der General-Versammlungen und der periodischen Publicationen mit den Vereins-Mitgliedern in Verkehr zu treten, und dadurch zugleich zwei weitere Mittel anzuwenden, welche die Statuten §. 4 ad 7 und ad 11 zur Lösung der Aufgaben des Vereines vorzeichnen.

In den Wintermonaten 1856 hat Professor R. v. Eitelberger einen Cyklus von Vorlesungen über die Baustyle des Mittelalters eröffnet und unter Zuhilfenahme von Plänen und Zeichnungen vor einem Kreise von Alterthums-

freunden Mitgliedern unseres Vereines, durch-
geführt. Im Sommer des Jahres 1858 war es
Ministerial=Secretär **Dr. Gustav Heider,**
welcher in Verbindung mit den Professoren **R. v.
Eitelberger** und **Dr. Sickel** zuerst den Versuch archäologisch=wissenschaftlicher, an die Vor-
weisung und Erklärung kunsthistorischer Gegenstände sich anknüpfender Besprechungen machte.
Der Antheil, welchen dieser Versuch bei den
Mitgliedern des Alterthums=Vereines fand,
mußte den Ausschuß bestimmen, solchen in
etwas erweitertem Umfange zu erneuern, und
ein Comité, bestehend aus dem Ausschuß=Mit-
gliede **A. Camesina** und den Vereins=Mit-
gliedern **Dr. Gustav Heider** und **R. v.
Eitelberger** zur Entwerfung des Programms
zu einem Cyklus wissenschaftlicher Besprechungen und zur Einladung von Fachmännern und
Kunstfreunden zur Mitwirkung an denselben
niederzusetzen.

Der ausnehmend gefälligen und umsichtigen
Thätigkeit dieser Herren ist es zu danken, daß

die beabsichtigten Besprechungen am **9.**, **16.** und **23.** Dezember des abgelaufenen Jahres stattfinden konnten und daß es dem Ausschusse gegönnt ist, den Vereins-Mitgliedern in dem vorliegenden Büchlein die an jenen Abenden gehaltenen größeren Vorträge der Herren **Dr. Heider**, **Dr. I. Falke** und Professor Eitelberger bieten zu können. Hand in Hand mit diesen wissenschaftlichen Vorträgen gingen Erklärungen der zahlreich ausgestellten Kunstgegenstände, die dem Beschauer einen belehrenden Einblick in verschiedene Gebiete der Kunstthätigkeit unserer Vorfahren gewährten, und an denen sich neben Professor Eitelberger, welcher die ausgestellten mittelalterlichen Spielkarten zum Gegenstande anregender Erläuterungen nahm, die Ausschuß-Mitglieder Karl Weiß und Architekt August Essenwein betheiligten. Der Ausschuß fühlt sich gedrängt, sowohl diesen Herren, als auch dem Herrn I. Klein, dem Ausschuß-Mitgliede A. Camesina und dem Geschäftsleiter des Vereines,

Dr. K. Lind, welche für das Zustandekommen
der Ausstellungen in hervorragender Weise thätig
waren, seinen verbindlichsten Dank hiemit öffent-
lich auszusprechen.

Als eine im hohen Grade erfreuliche Thatsache muß ferner hervorgehoben werden, daß
der kunstgeschichtliche Stoff für diese Ausstellungen von Seite geistlicher und weltlicher Cor-
porationen wie auch kunstliebender Privaten
mit einer Bereitwilligkeit zur Verfügung gestellt
wurde, welche für den Gemeinsinn derselben
ein glänzendes Zeugniß ablegt. Der Ausschuß
kann es sich nicht versagen, mit dem Ausdrucke
des wärmsten Dankes für diese ausgiebige
Unterstützung seiner Bestrebungen der Namen
der freisinnigen Gönner Erwähnung zu thun.

Im Vordergrunde steht das Stift Klosterneuburg, welches einen bedeutenden Theil
seines reichen Klosterschatzes zur Ausstellung
brachte; diesem reihen sich die Stifte Admont,
St. Florian, Kremsmünster, Lilienfeld, St. Peter in Salzburg, St. Paul in

Kärnten und der Hr. Bischof von Kaschau an,
welche durch Uebersendung sehr interessanter
Kunstgegenstände theils an die k. k. Central-
Commission zur Erforschung und Erhaltung der
Baudenkmale, theils an Privatgelehrte zugleich
die erwünschte Gelegenheit boten, durch gütige
Vermittlung der letzteren den Mitgenuß dieser
Kunstobjecte einem größeren Kreise von Kunst-
freunden zu eröffnen. Mit gleicher Bereitwillig-
keit wurden gewählte Kunstgegenstände zur Ver-
fügung gestellt von den Herren: Kunsthändler
A. Artaria, Bronzegießer Brix, Architekt
Essenwein, Bildhauer Hans Gasser,
F. M. L. Ritter von Hauslab, J. Hieß-
mannseder, den Malern Kastner und J.
Klein, Fabrikant Lehmann, **Dr. j. K. Lind**,
Professor C. Radnitzky, J. Reuß, Protokolls-
Director Schatz, Consul Schwartz, A. Wid-
ter und Graf C. Wickenburg, endlich auch
von der Direction der Landstraßer Ober-
Realschule.

Die vielseitige und folgenreiche Unterstützung, welche den Bestrebungen des Vereines im abgelaufenen Jahre zu Theil geworden ist, ermuthiget den gefertigten Ausschuß die Hoffnung auszusprechen und die Bitte beizufügen, daß ihm auch für die Folge diese warme und erfreuliche Theilnahme erhalten bleibe, so wie er es seinerseits an dem besten Bestreben nicht fehlen lassen wird, auf der, wie er sich schmeicheln darf, mit aufmunterndem Erfolge betretenen Bahn fortzuschreiten und den Mitgliedern des Vereines von Zeit zu Zeit die Gelegenheit zu derartigen, einen so lehrreichen Genuß gewährenden Versammlungen zu bieten.

Der Ausschuß des Alterthums-Vereines zu Wien.

I.

Die

typologischen Bilderkreise des Mittelalters

von

Dr. G. Heider.

Jedes Kunstwerk bietet der denkenden Betrachtung
zwei Seiten dar, einmal ist es die Form, welche zunächst
den Blick fesselt, dann ist es der dargestellte Inhalt, welcher
zur Beachtung auffordert. Die volle Würdigung eines
Kunstwerkes fordert natürlich die Rücksichtnahme auf
beides. Doch hat die Forschung über die christliche Kunst
diese beiden Seiten bisher nicht in gleichem Maße ge-
würdigt. Die Form allerdings wurde in ihr volles
Recht eingesetzt, an ihr baute sich die Kunstgeschichte auf,
an ihr übte sich der kritische Blick, und dieser Uebung
ist es gelungen, die Form zur sicheren Grundlage der
Zeitbestimmung wie auch zum Maße des ästhetischen
Werthes eines Kunstwerkes zu erheben. Dem gegenüber
blieb jedoch bis nun der Inhalt des Kunstwerkes minder
beachtet. Wir meinen den geistigen Inhalt, den
Antheil, welchen in dieser Beziehung das Dargestellte
zur Anschauungsweise der Zeit überhaupt hat.

Ein näheres Eingehen auf diese Seite des Kunstwerkes

wäre dann überflüssig, wenn der Inhalt in jedem Fall klar vorläge, und wenn die Fäden, durch welche er sich an seinen historischen Hintergrund anknüpft, durchsichtig und geordnet wären. Allein eben dieses ist nicht der Fall. Die moderne Anschauungsweise, das Denken und Fühlen unserer Gegenwart hat wenig mehr gemein mit jenen Grundlagen, auf welchen sich in früheren Jahrhunderten das geistige Leben aufbaute. Vieles ist uns völlig fremd geworden, was seiner Zeit ein Theil der gesammten Bildung war, und was wir damit gemein zu haben glauben, ist nur zu häufig der verblaßte Ausdruck eines lebensfrischen Organismus. Mit unserem Vorrathe geistiger Anschauung, mit unseren Denkformen können wir in den wenigsten Fällen den Kunstwerken der Vergangenheit gerecht werden — unser gerühmter Reichthum geistigen Besitzstandes reicht nicht zu, um uns die Pforten des Verständnisses für dieselben zu eröffnen, wir treten häufig Räthseln gegenüber, für welche wir das Wort der Lösung eingebüßt haben.

Und doch stehen die Kunstwerke, um die es sich handelt, nicht außerhalb den Kreisen unseres Glaubens, sie sind nicht losgelöst von den hundertjährigen Traditionen, die von Geschlecht zu Geschlecht sich fortpflanzen; für ihre Erklärung, sollte man glauben, sei noch genug lebendig Vererbtes in uns, das nur geweckt, nur richtig geleitet werden muß, um zum vollen Verständnisse zu führen. Dies sollte man glauben, — in Wirklichkeit jedoch ver-

hält es sich anders. Die Deutung jener christlichen Kunstwerke, die überhaupt einer Deutung bedürfen, ist bereits
die Sache eines tiefer gehenden Studiums geworden.
Dem Forscher auf diesem Gebiete fällt die Aufgabe zu,
sich völlig in die Weise des Denkens und Glaubens jener Zeit zu vertiefen, welche diese Werke in's Dasein rief,
er muß die isolirte Betrachtung, wie sie nur zu häufig
den Aesthetikern gemein ist, aufgeben und das Kunstwerk
als einen nothwendigen Ausfluß seiner Zeit, als das Resultat aller jener Faktoren auffassen, welche das eigenthümliche Gepräge der bestimmten Zeitperioden bilden.
Und selbst auf diesem mühsamen Wege wird es nicht in
allen Fällen gelingen, die Bedeutung einer Vorstellung
völlig sicher zu stellen.

Die Mythen der Griechischen und Römischen Welt
wurden bis in das Kleinste durchforscht, um den Sinn
irgend einer Darstellung auf einem halbzertrümmerten
Gefäße in's Klare zu stellen. Der Forschung der Geister
gelang es, den dunklen Vorhang zu lüften, hinter dem
sich bis auf unsere Tage das räthselhafte Leben, die
denkwürdige Kunst an den Gestaden des Nils verhüllte;
die Inschriften auf den Tempeln derselben, deren Le-
sung für ewige Zeiten verloren gegangen schien, mußten
ihren Inhalt dem denkenden Blicke eröffnen und die
Königsreihen, welche vor Jahrtausenden in diesem Lande
zu Grabe gingen, mußten dem Rufe gehorchen, der sie
auferstehen hieß.

Und die christliche Kunst, eine Kunst, die mit unserem innersten Denken und Fühlen unlöslich verbunden
ist, birgt in ihrem Schooße einen Reichthum von Gestaltungen, deren ästhetischer Werth zwar hinreichend
anerkannt, deren Bedeutung jedoch noch größtentheils in
Dunkel gehüllt ist. Es wäre dies völlig unerklärlich,
wenn es nicht ein räthselhafter Zug der Geister wäre, erst
dann einem Gegenstande mit der ganzen Tiefe und Kraft
der Forschung nahe zu treten, wenn die lebendigen Fa-
sern abgerissen sind, mit welchen er in unserer Gegenwart wurzelt.

Es dürfte daher nicht ohne Interesse sein, einerseits
auf die Anschauungsweise unserer Vorfahren aufmerk-
sam zu machen, auf welcher diese Gestaltungen beruhen,
wie auch andererseits auf die Quellen hinzuweisen, aus
welchen sie ihre Erklärung zu finden haben.

Natur und Geschichte sind die Quellen jedes
künstlerischen Schaffens, aus beiden fließt der Stoff für
dasselbe; doch das geistige Medium, durch welches
beide unserem Auge näher gerückt werden, ist zu allen
Zeiten der religiöse Glaube gewesen. Dieser durchdringt
die gesammte Anschauung der Natur und des Lebens,
er gestaltet sie in Wahrheit erst zu einem Ganzen. Diese
Abhängigkeit der Naturanschauung von der Religion
durchdringt die Geschichte aller Zeiten und Völker.
Griechen und Römer, Inder und Egypter hatten ihre
eigene Natur, wie sie ihren eigenen Glauben hatten.

Und das Chriſtenthum, welches den Menſchen in
ſeiner ganzen geiſtigen Tiefe erfaßt und ſeine Blicke
über das Irdiſche hinaus in das ewige Reich Gottes
lenkt, ſollte auf die Anſchauung der geſammten Natur
keinen Einfluß genommen haben?

In Wahrheit hat das Chriſtenthum dieſen Einfluß
geübt und eben dieſem Einfluſſe verdanken wir eine
reiche Fülle der ſinnvollſten Bildungen der kirchlichen
Kunſt. Die geſammte Natur, die niederſte Stufe des
Erſchaffenen, hatte dem Auge des frommen Beſchauers,
das über die Tiefen des Lebens hinaus in geiſtige Höhen gerichtet war, nicht nur für ſich, ſondern nur in ſo
ferne einen Werth, als ſich in derſelben ein Theil jener
Wahrheiten ausprägte, für welche er als Zeuge mit
Allem eintrat, was ihm zu Theil wurde. Aus dieſer
Anſchauung der Natur ergab ſich die reiche Fülle der
Symbole, welche wir in den ſchönſten Zeiten des
Mittelalters über alle Gegenſtände der Kunſt ausge-
goſſen finden. Die Thierwelt, die Pflanzenwelt
und ſelbſt die unorganiſchen Stoffe wurden auf
dieſe Weiſe die Träger chriſtlicher Wahrheiten, ſie wurden die Symbole eines tieferen Seins, als jenes iſt,
dem ſie zunächſt angehören. Dieſe Vergeiſtigung des
Stoffes gehört nicht zunächſt der frühchriſtlichen Zeit,
nicht zunächſt dem Mittelalter an, ſie baut ſich ohne
Abirrung ſtufenweiſe auf und erreicht ihren Höhenpunkt
mit jener Zeit, die überhaupt als die Glanzperiode des

kirchlichen und staatlichen Lebens unsere ungetheilte Bewunderung in Anspruch nimmt, wir meinen den Zeitraum vom 10. bis 13. Jahrhundert.

Aber den symbolischen Gestaltungen dieser Zeit stehen wir größtentheils fremd gegenüber, und wenn auch der Anlauf für ihre Deutung hie und da versucht wurde, so erhob sich dieser Versuch selten zur wissenschaftlichen Begründung. Auf keinem Gebiete hat sich der freilich oft gut gemeinte Dilettantismus so ausgebreitet wie auf diesem. Erst in neuester Zeit wurde durch das Zurückgehen auf eine Reihe gleichzeitiger Schriftquellen, aus denen wir einen tieferen Blick in den geistigen Inhalt und in die Anschauungsweise dieser Zeitepoche gewinnen, diesem Dilettantismus eine Schranke gesetzt.

Im Vordergrunde dieser Schriftquellen stehen die **Physiologen** und **Bestiarien**, Thierbücher, welche die physischen Eigenschaften der Thiere, theils wirkliche, theils erdichtete, zum Gegenstande der Betrachtung nehmen und dieselben durchgehends auf moralische und religiöse Wahrheiten hinüberleiten. Von der einstigen Verbreitung dieser Thierbücher legt schon der Umstand Zeugniß ab, daß wir denselben in den Sprachen aller Völker begegnen, auf welche die Segnungen des Christenthums übergegangen sind. Syrische, Griechische, Lateinische, alt-Deutsche, alt-Französische und Englische Physiologen, in gebundener Sprache wie in Prosa, sind durch die Mühe der Forschung in den letzten Jahren an das Tageslicht getreten, alle stimmen in ihrem wesentlichen Inhalte überein, und wenn wir auch zugestehen müssen, daß der darin ausgesprochene Mysticismus in seiner vollen Tiefe wohl nie ein Gesammteigenthum des Volkes geworden war, so waren doch die äußeren Züge desselben, das Bildliche, worin sich sein Wesen aussprach, wohl geeignet, auf die Kunst zu einer Zeit einen mächtigen Einfluß zu gewinnen, in welcher sie mit der Kirche im engsten Zusammenhange stand.

Um das Wesen dieser Physiologen in kurzem Umrisse klar zu machen, wollen wir nur an der Hand derselben zweier Thiere Erwähnung thun, welche auf kirchlichen Kunstbildungen häufig zum Vorscheine treten, nämlich des Löwen und des Adlers.

Dem Löwen schreibt der Physiologus drei Eigenschaften zu.

Die erste besteht darin, daß er von den Jägern verfolgt, die Spuren seiner Schritte hinter sich mit seinem Schweife zu tilgen sucht, um auf diese Weise den Jägern seine Fährte zu entziehen. So hat auch Christus unser Herr, der geistige Löwe vom Stamme Juda, die sichtbaren Spuren seiner Gottheit getilgt, indem er zur Rettung des Menschengeschlechtes die Menschengestalt annahm und unter uns wandelte.

Die zweite Eigenschaft des Löwen besteht darin, daß seine Augen offen und wach bleiben, während sein Körper schläft. Auch dies trifft in Christus ein, dessen

göttliche Natur an der Seite seines himmlischen Vaters
wacht, während er in Menschengestalt unter uns wandelt.

Die dritte Eigenschaft des Löwen ist folgende:

Wenn die Löwin Junge gebärt, so bringt sie sie todt
zur Welt und bewacht sie in diesem Zustande durch drei
Tage, bis der Löwe sie nach Ablauf dieser Frist anhaucht
und so zum Leben bringt. So hat auch Gott der Vater
seinen Sohn am dritten Tage vom Tode erweckt, wie
Jakob dies in den Worten prophezeite: **Accubans
requiescit ut leo, et sicut catulus leonis, quis
suscitabit eum?** (Genes. 49.)

Von dem Adler erzählt der Physiologus, daß
im Alter die Kraft seiner Flügel sich lähme und die
Schärfe seiner Augen sich mindere. Beides erlange er
dadurch wieder, daß er zuerst zur Sonne aufsliege und
an ihren Strahlen sich wärme, hierauf zur Erde nieder-
steige und dreimal sich in die Fluthen einer Quelle
tauche, woraus er völlig verjüngt hervorgehe. Dieser
Adler ist das Bild des Menschen, sei er Inde oder
Heide, welcher noch sein altes Kleid, seinen alten Glauben
an sich hat, dessen Augen für das Reich Gottes erst dann
eröffnet werden, wenn er durch die Wassertaufe und die
Macht des h. Geistes sich erneuert.

Wir haben aus der reichen Fülle des symbolischen
Stoffes, welchen uns die Physiologen an die Hand ge-
ben, diese beiden Beispiele gewählt, um sogleich die
Kunstanwendung derselben vor Augen führen zu können.

Das Stift Kremsmünster bewahrt nämlich ein liturgisches Schaustück, wahrscheinlich als Reliquiarium dienend, welches auf einem emaillirten Fuße eine runde Scheibe trägt, die in vier Abtheilungen geschieden ist. In den beiden oberen sehen wir, und zwar links den aus dem Grabe auferstehenden Christus und rechts die Himmelfahrt Christi, und zwar in der Weise dargestellt, daß die aus Wolken herabreichende Hand Gottes Christum emporhebt. Unterhalb der ersteren Darstellung erblicken wir den Löwen sein Junges durch Anhauch zum Leben erweckend, und unterhalb der zweiten Darstellung den Adler aus den Fluthen zur Sonne auffliegend. In beiden Fällen haben wir es mit Symbolen zu thun, die ihre Erklärung in dem erwähnten Physiologus finden.

Aber nicht nur die Thierwelt, auch die Pflanzenwelt und die Steine wurden von der christlichen Kunst zu Symbolen und Zeugen tieferer Wahrheiten erhoben. In ersterer spielt der Baum eine hervorragende Rolle. Er ist das Sinnbild des Lebens und des Todes. Der Gerechte gleicht einem fruchtbaren Baume, Christus verflucht den unfruchtbaren Baum. Schon im Paradiese standen sich in diesem Sinne der Baum des Lebens und der Baum der Erkenntniß gegenüber. Im Mittelalter suchte man beide Bäume welthistorisch zu reproduziren und einen aus dem anderen entstehen zu lassen. Wie nämlich Adam die durch Sünde verdunkelte, Christus die gereinigte Menschheit bedeute

so sollte aus dem Baume der Erkenntniß zuletzt der
Baum des Lebens werden, indem das Kreuz aus ihm
gezimmert wurde. Einer Sage nach soll nämlich Adam,
als er aus dem Paradiese vertrieben wurde, einen Kern
des Apfels mitgenommen, und als er starb, im Munde
behalten haben. Aus seinem Grabe wuchs sodann der
Stamm, der zum Kreuze Christi verwendet wurde.
Diese Vereinigung des Sündenbaumes mit dem Baume
des Lebens hat auch die Kunst vielfältig in symbolischer
Weise zur Darstellung gebracht. So trägt auf einer
Darstellung eines Missales derselbe Baum zugleich
Aepfel und Hostien, und auf einer Skulptur der
Kathedrale zu Trier ist der Baum mit Knospen dargestellt, aus deren sich entfaltenden Hülsen rechts
Engelsköpfe, links Todtenköpfe hervorwachsen. Aber
auch noch in anderer Weise wird der Baum in das
christliche Leben eingepflanzt. Bäume neigen sich ehr-
furchtsvoll und anbetend vor der heiligen Jungfrau,
nur ein einziger Baum war zu stolz hiezu, die Espe,
deßhalb nun muß sie zur Strafe beständig zittern.
Dürre Bäume, an welche Heilige gebunden und ge-
martert wurden, schlagen grün aus und blühen; auf
der Flucht nach Egypten reichten die Bäume von selbst
ihre Aeste hinab, damit das Christkind die Früchte
pflücken könne; wiederum neigten sich die Bäume vor
der h. Maria, als sie zum Himmel fuhr, und noch einmal, als die Engel ihr kleines Haus nach Loretto tru-

gen. Aber nicht nur Baum und Strauch werden so in
poetischer Auffassung zum Dienste des Heiligsten berufen, auch die Welt der Blumen nimmt daran Theil.
Wir wollen nur des schönen Paderborner Wallfahrts-
liedes gedenken:

> Maria durch den Dornenwald ging
>
> Der hatte sieben Jahre kein Laub getragen,
>
> Was trug Maria unter ihrem Herzen?
>
> Ein kleines Kindlein ohne Schmerzen,
>
> Als das Kindlein durch den Wald getragen,
>
> Da haben die Dornen Rosen getragen.

Wir brauchen nicht zu erinnern, daß aus dieser geistigen Auffassung der Pflanzenwelt, welche sie als beseelt
und der Gottheit huldigend darstellt, eine Fülle von
Symbolen sich ergeben mußte, wir weisen nur auf die
Vilis mystica von einem Zeitgenossen des Bernhard
von Clairvaux und auf Konrad von Würzburg's goldene
Schmiede hin.

Aus der unorganischen Natur boten sich vorzugsweise die kostbarsten und seltensten Produkte, nämlich
die Edelsteine für eine naheliegende Symbolisirung
dar. Nach der Offenbarung Johannis nämlich sind die
Mauern des himmlischen Jerusalems auf zwölf Edel-
steinen begründet, es sind dies die zwölf Apostel, jedem
derselben wird daher einer dieser Edelsteine als Symbol
zugeschrieben. Soferne aber das neue Jerusalem als
Sinnbild des christlichen Himmels aufgefaßt wurde, lag

es nahe, die zwölf Edelsteine auch mit den himmlischen
Heerschaaren, den Engeln und Heiligenchören zu identifi-
ziren. Außer diesen allgemeinen Beziehungen wurde jedoch
jedem der Edelsteine, je nach seiner Beschaffenheit, ein besonderes Attribut zugeschrieben. So symbolisirte, um nur
einige Beispiele aufzuführen, der Jaspis wegen seiner
Härte den Glauben, der Amethist wegen der Vereinigung
dreier Farben in einer, die h. Dreieinigkeit, der Sma-
ragd, welcher nach der Meinung der Vorzeit von kühler
Natur sein soll, die Keuschheit, der Saphir vermöge
seiner blauen Farbe den Himmel, daher auch der im
Himmel thronende Jehovah auf einem Saphire sitzt
u. s. w.

Der gleiche Gedanke nun, welchen wir in dieser symbolischen Auffassung der Natur ausgeprägt fanden, liegt
auch der Auffassung der alttestamentarischen
Begebenheiten und ihren Beziehungen zum neuen
Testamente zu Grunde. Wie in den Bildungen der Natur und in ihren Aeußerungen eine höhere Wahrheit des
Glaubens zum Theile verschleiert und getrübt zur Anschauung kommt, so tritt dies im erhöhten Grade mit
den Begebenheiten des alten Testamentes ein. Zwischen
diesem und dem neuen Testamente wird ein völliger Pa-
rallelismus hergestellt, im alten Testamente sind die
Vorbilder dessen ausgeprägt, was im neuen Bunde als
vollendete Wahrheit auftritt. Neben den prophetischen
Aussprüchen, welche auf die Erfüllung in dem neuen

Bunde hinweisen, erscheinen die Begebenheiten des alten Bundes, welche nicht an und für sich von Bedeutung sind, sondern nur insoferne, als sie eine Thatsache, eine Wahrheit des neuen Bundes, wenn auch in verschleierter Weise vorbilden. Dieser typologischen Auffassung begegnen wir schon in den Schriften der Väter der Kirche aus den ersten Jahrhunderten, wie auch bereits in den Bildern der Katakomben Roms sich vereinzelte Spuren daran nachweisen lassen. Chrysostomus, der im 4ten Jahrhunderte lebte, faßte das Wesen dieser Gegenüberstellung alt- und neutestamentlicher Begebenheiten bereits in durchdachter Weise auf, er weist in einer Homilie zu dem Briefe an die Galather darauf hin, daß die Geschichten des alten Testamentes nicht nur das darlegen, was sich wirklich begab, sondern auch einen vorbildlichen Inhalt haben, und in einer Homilie zu dem Briefe an die Römer legt er dar, daß die Propheten des alten Bundes nicht bloße Aussprüche gethan, sondern diese auch niedergeschrieben und mit Zeichen bekräftigt haben. Isidorus von Pelusium, ein Presbyter des 5ten Jahrhunderts, suchte für diese Typologien eine gewisse Grenze festzustellen, er tadelt diejenigen, welche das gesammte alte Testament auf Christus zu übertragen suchen, weil das Bestreben, Aussprüche, die keinen Bezug auf Christus haben, mit Gewalt auf ihn hinüber zu leiten, die Folge habe, daß auch das in Verdacht gezogen werde, was wirklich auf ihn Bezug nehme. An diesen

Grenzen hielt auch der h. Augustinus fest, auch er tadelt den Zwang, der der natürlichen Betrachtung angethan wird, indem man dort Typen aufsucht, wo sie nicht gegeben sind. Innerhalb dieser Grenzen aber geben seine Schriften, insbesonders aber seine **Sermones de Tempore** ein glänzendes Beispiel der tiefsinnigsten Entwicklung und Begründung dieses Typenschatzes.

Diese Auffassung konnte bei der gewaltigen geistigen Strömung, welche von der Kirche ausgehend, Alles umfaßte und belebte, auch der Kunst nicht ferne bleiben, und schon frühzeitig begegnen wir in ihren Erzeugnissen ausgebildeten typologischen Darstellungen. Ihren Höhepunkt erreichte diese Richtung jedoch in jenem Zeitraume, in welchem wir auch die symbolische Auffassung in vollendeter Entwicklung auftreten sahen, nämlich im 12. und 13. Jahrhunderte. Der ganze Reichthum einzelner Typen, wie wir ihn auf Portalen, Glasgemälden, Kirchengeräthen, Miniaturen u. s. f. ausgeprägt finden, erhielt in diesem Zeitraume seinen festen Abschluß und einen fortlaufenden Zusammenhang, aus dem Einzelnen wird ein Cyklus gebildet und der Anwendung ein festes Gesetz zu Grunde gelegt.

In diesem Zusammenhange tritt uns der typologische Bilderkreis zuerst auf dem **Email-Antipendium** aus dem Stifte **Klosterneuburg**, einem Werke des 12. Jahrhunderts, entgegen. Die neutestamentlichen Begebenheiten, welche mit alttestamentlichen zusammengestellt erscheinen, beginnen mit der Verkündigung Marien's, führen uns. die bedeutsamsten Momente aus dem Leben Christi vor Augen und schließen mit dem Reiche der Zukunft, wo Christus als Weltrichter seine zweite Ankunft feiert. Dieser Reihe von Darstellungen, 17 an der Zahl, gehen zwei Reihen alttestamentarischer Vorbilder zur Seite, welche jedoch nicht willkürlich zusammengestellt, sondern nach einem leitenden Grundsatze geordnet erscheinen. Die obere Reihe nämlich nimmt ihre Typen aus der Zeit vor der Gesetzgebung Moses ante legem, die untere Reihe hingegen enthält die typologischen Darstellungen aus der Zeit der Herrschaft der Mosaischen Gesetze sub lege, zwischen beiden erscheinen sodann die Darstellungen des neuen Bundes, der Zeit des Heiles sub gracia. Diese Trennung der Typen ist keineswegs eine zufällige oder vereinzelte, sie geht aus der damaligen Anschauungsweise hervor und in ihr macht sich eine Steigerung des Inhaltlichen in drei Abstufungen geltend, eine Steigerung, die der Geschichtsauffassung, wie sie im 12. Jahrhunderte die Kirche angenommen hatte, strenge entspricht. Als Gewährsmann hiefür berufen wir uns auf Hugo de St. Victore, aus der ersten Hälfte des 12. Jahrhunderts, welcher in seiner Schrift „de Sacramentis fidei" eben die Abstufung in diese drei Zeitläufte dem ganzen Verlaufe der Weltbegebenheiten zu Grunde legt.

Aber nicht nur die Typen des alten Testamentes,

sondern auch die prophetischen Aussprüche desselben finden
wir in den Darstellungen dieses Email-Antipendiums
berücksichtigt, eine Anordnung, die von nun an in den
Vordergrund tritt und fast ausnahmslos, häufig sogar
in erweiterter Weise herrschend wird.

Während jedoch dieser typologische Bilderkreis in seiner Zusammenstellung vereinzelt steht und keine weitere
Nachahmung sich nachweisen läßt, begegnen wir einem
zweiten, dessen Abfassung in nicht viel spätere Zeit zu
setzen ist, welcher jedoch eine weite Verbreitung gefunden hat, zum Beweise, daß der Antheil an den geistigen Inhalt dieser Schöpfungen sich bereits tief in die
gesammten Denk- und Anschauungsweise unserer Vorfahren eingelebt hatte.

Als die älteste Quelle dieses zweiten Bilderkreises
wurden bisher die in dem letzten Viertel des 15. Jahrhunderts gedruckten Auflagen der Biblia pauperum betrachtet, die man jedoch nicht als den Schlußstein eines
bereits weit verbreiteten Bilderkreises, sondern als das
geistige Produkt eines mit dem zerstreuten Typenschatze
unserer Vorfahren vertrauten Zeitgenossen betrachtete.
Daß man es hiebei mit dem bloßen wort-
getreuen Abdrucke einer viel älteren
Schriftquelle zu thun hatte, war bis jetzt
unbekannt. Da mir jedoch glückliche Forschung eine
Reihe solcher Handschriften zugänglich machte, von denen
einige fast 200 Jahre älter sind als die erwähnte Biblia

pauperum, und welche sämmtlich mit derselben, was sowohl die Anzahl und Reihe der Typen, als auch die Aufschriften und Erläuterungen anbelangt, bis in das Einzelste vollkommen zusammenstimmen, so hat nunmehr diese Frage ihre Lösung gefunden, und wir sehen diesen Bilderkreis nahe an das Email-Antipendium von Klosterneuburg hinaufgerückt.

Er unterscheidet sich von demselben jedoch in mehreren Punkten. Vorzugsweise müssen wir hervorheben, daß die strenge Sonderung der alttestamentarischen Vorbilder in zwei Reihen — ante legem und sub lege — aufgegeben erscheint oder mindestens nicht mehr ausnahmlos auftritt. Auch der Kreis der Darstellungen ist wesentlich erweitert, die äußeren Grenzen zwar von der Verkündigung bis zum jüngsten Gerichte sind dieselben geblieben, während aber innerhalb derselben auf dem Klosterneuburger Bilderkreise nur 17 neutestamentarische Scenen dargestellt erscheinen, sind deren auf dem zweiten Bilderkreise 36 bis 40; insbesonders mehren sich die Darstellungen, welche auf die der Kreuzigung vorangehenden und nachfolgenden Begebenheiten Bezug nehmen, wie auch die Kreuzigung selbst in allen ihren einzelnen Momenten aufgefaßt erscheint. Endlich ist noch die äußere Anordnung eine wesentlich verschiedene geworden. Die neutestamentliche Darstellung, welche den Mittelraum einnimmt, ist von den Halbgestalten von vier Prophe-

ten des alten Bundes umgeben, mit Spruchbändern
in den Händen, worauf die Worte der Verheißung,
die auf den Inhalt der Mitteldarstellung Bezug nehmen, angebracht sind. Links und rechts hievon erscheint
die betreffende alttestamentarische Darstellung. Ueber
jeder dieser drei Darstellungen ist eine Aufschrift im
leonischen Versmaße angebracht, welche in gedrängter
Kürze ihren geistigen Inhalt andeutet. In dem Raume endlich über den alttestamentarischen Darstellungen finden wir
in wenigen Worten eine Darlegung des typologischen
Bezuges zu den Mitteldarstellungen. Deutet dieses schon
darauf hin, daß dieser Bilderkreis die Bestimmung
hatte, für weitere Kreise die Wahrheiten des Christenthums in ihrer symbolischen Tiefe anschaulich zu machen,
so spricht hiefür nicht minder die weite Verbreitung dieses
Bilderkreises, welcher uns in einer großen Anzahl Handschriften des 14.—15. Jahrhunderts aufbewahrt ist, die
in allen Einzelheiten vollkommen zusammenstimmen und
daher nothwendig von einer Quelle ausgegangen sein
müssen.

Die älteste uns bekannt gewordene Handschrift aus
dem Beginne des 14. Jahrhunderts bewahrt das Stift
St. Florian; sie ist jedoch nicht blos ihres Inhaltes
wegen interessant, sie zeigt uns auch in den Darstellungen die zeichnende Kunst des Mittelalters auf einem Höhenpunkt angelangt, den sie weder früher einnahm, noch
auch später je wieder zu erringen vermochte. Es spricht

aus den Gestalten eine Zartheit und Feinheit der Empfindung, die uns an die schönsten Gedichte des 12ten
und 13. Jahrhunderts mahnen, dabei gewinnt die Darstellung in wenigen aber bestimmten Zügen einen völlig
plastischen Charakter. Wir haben es hier mit einer der
schönsten Blüthen der Kunst zu thun und die wenigen
Blätter dieser Handschrift, es sind deren nur acht, müssen
den bedeutendsten Werken christlicher Kunst an die Seite
gesetzt werden. Mit dieser Handschrift stimmt sowohl,
was die äußere Anordnung, als auch den Charakter der
Darstellung betrifft, eine Handschrift zusammen, welche
sich im Besitze der k. k. Hofbibliothek befindet.

Mehr die Ausflüsse einer handwerksmäßigen Thätigkeit sind zwei Handschriften dieses Bildercyklus aus der
zweiten Hälfte des 14. Jahrhunderts, von welchen ein
in dem Stifte St. Peter in Salzburg, die andere im
Stifte Kremsmünster aufbewahrt wird. Beide stimmen im Ganzen und auch in Einzelnheiten der Darstellungen völlig überein, so daß die Anfertigung derselben
ohne Zweifel, wenn auch nicht von Einer Hand stam-
mend, doch aber von gemeinsamen Einflüssen bestimmt
worden sein muß.

Gleichfalls dieser Zeit gehört eine Handschrift dieses
Bildercyklus im Stifte Seitenstetten an, sie enthält
jedoch keine Bilder, sondern nur die schriftlichen Aufzeichnun-
gen, welche die Darstellungen umgeben, gleichsam die Anlei-
tung, wie dieser typologische Bilderkreis herzustellen ist.

Schon aus dem 15. Jahrhunderte stammt eine Bilderhandschrift dieses Cyklus, welche gleichfalls im Stifte St. Peter in Salzburg aufbewahrt wird, einer noch späteren Zeit gehört die Deutsche handschriftliche Bearbeitung an, welche in der Bibliothek des Joanneums zu Gratz sich befindet.

Zeugt schon für die weite Verbreitung dieses Bilderkreises diese nicht unbedeutende Anzahl von Handschriften, die sich auf eng begrenztem Gebiete vorfinden, so spricht in ebenso überzeugender Weise für den Antheil, welchen derselbe in allen Kreisen fand, der Umstand, daß die Vorführung dieses Bildercyklus zu den ersten Erzeugnissen der Buchdruckerkunst gehört. In kurzer Zeit wurden an verschiedenen Orten sechs Auflagen veranstaltet, vier in Lateinischer Sprache, sämmtlich noch vor dem Jahre 1470, zwei in Deutscher Sprache aus den Jahren 1470 und 1479. In diesen Drucken erhielt zugleich dieser Bildercyklus die Bezeichnung: **Biblia pauperum**, Armenbibel, welche man auf die **Fratres minores**, als Franziskaner, Karthäuser und Kapuziner, die sich selbst die **Pauperes Christi** nannten, in der Meinung bezog, daß sich vorzugsweise die Glieder dieser Genossenschaften dieses Buches als eines homiletischen Hilfsmittels bei ihren Kanzelvorträgen bedienten.

Daß diese Ansicht nicht stichhaltig sei, brauchen wir kaum zu erinnern, wir haben ja gesehen, wie dieser Bildercyklus seit Jahrhunderten ein Gemeingut aller

Gläubigen, ein Bilderbuch für das Volk geworden war, welcher Allen die Wahrheiten des christlichen Glaubens in ihrer ganzen Fülle vor Augen stellte. In diesem Sinne ist er eine **Biblia pauperum**, eine Bibel für die Armen, sei es am Geiste, sei es am weltlichen Besitze.

Aber auch hiemit war der Verlauf dieses Bilderkreises noch nicht abgeschlossen. Noch an der Grenzscheide jener Zeit, welche die Kunst gänzlich auf weltliche Bahnen ablenkte, finden wir diese typologischen Bilderreihen auf **den Glasfenstern des Kreuzganges im Kloster Hirschau** dargestellt. Der Abt Blasius dieses Klosters, welcher demselben von 1484—1503 vorstand, entschloß sich nämlich im Jahre 1491, drei Seiten des Kreuzganges mit Glasgemälden zu schmücken, was einen Aufwand von 300 Goldgulden verursachte. Die gleichzeitigen Geschichtsquellen dieses Klosters geben uns zwar den Inhalt dieser Glasgemälde nicht an, und bis auf unsere Gegenwart hat sich nichts davon erhalten, allein zwei spätere Mitglieder dieses Konventes haben uns vollständige Beschreibungen dieses Bilderkreises hinterlassen, aus denen wir entnehmen, daß derselbe ganz genau ohne irgend eine Abweichung eine Vorführung unseres Bildercyklus ist, wobei zugleich die Erläuterungen, welche sich in den Handschriften befinden, in einer freilich bis nun bei Glasgemälden nicht üblichen Weise den Darstellungen beigefügt waren.

Wenden wir, bevor wir weiter schreiten, unseren Blick noch einmal zurück.

Es ist gewiß eine seltene Erscheinung auf dem Gebiete der menschlichen Kulturthätigkeit, daß sich ein geschlossener Bilderkreis unwandelbar und ohne die geringste Abweichung durch einen Zeitraum von mehr als dreihundert Jahren erhalten konnte, und daß er unberührt von jenen geistigen Strömungen blieb, die rings um ihn neue Anschauungsweisen eröffneten, und auch der Kunst neue Bahnen vorzeichneten.

Es sei uns erlaubt, mit einigen Worten dieser Umwandlung zu gedenken, in denen diese Spuren einer neu auftauchenden Lebensrichtung in stufenweiser Entwicklung sich zeigen, während das Hergebrachte aus seinen strengen Formen heraustritt und sich theils in die neuen Formen fügt, theils in seiner Erstarrung in den Hintergrund gedrängt wird.

Als Zeitpunkt des Beginnes dieser Umwandlung müssen wir den Schluß des 13ten und den Anfang des 14. Jahrhunderts bezeichnen, den Zeitpunkt, mit welchem die Kirchenbaukunst in die Hände der Laien überging und wo mit der Entwicklung und dem Aufschwunge des Städtelebens auch jene Gothischen Dome in's Leben gerufen wurden, welche noch heute den Beschauer mit dem tiefen Ernste einer vollendeten Kunstschöpfung erfüllen.

An die Stelle des kirchlichen Elementes trat nunmehr das bürgerliche, die frühere Symbolik büßte ihren strengen Charakter ein, und wenn gleich die

Kunst von der Kirche und ihrem Glauben nicht losgelöst war, so war doch das Verhältniß beider zu
einander ein wesentlich anderes geworden. Die Phantasie des Künstlers erhielt einen freieren Spielraum,
es war ihm gegönnt, an die Stelle überkommener
Symbole und Typen seine eigene Auffassung, sein
eigenes Schaffen treten zu lassen. Weltliche Zustände
und Begebenheiten flossen häufig in kirchliche Bildungen hinüber und im weiteren Verlaufe ersetzte sich die
absterbende Tiefe symbolischer Auffassung durch Aeußer-
lichkeiten, die dem Gegenstande seiner Natur nach
völlig fremd und gleichgiltig gegenüberstanden.

Es dürfte nicht ohne Interesse sein, auch an unseren typologischen Bilderkreisen diese Umwandlung,
welche sich bereits im 14. Jahrhunderte vollzog, in
einigen bezeichnenden Beispielen nachzuweisen.

Das eine bietet die Bilderhandschrift aus dem Stifte
Kremsmünster, nämlich der Speculum huma-
nae salvationis, welcher sich selbst als eine neue
Zusammenstellung dem Beschauer vorführt. In der
Einleitung finden wir die Tugenden und Laster, ferner den Zeitraum von der Erschaffung der Eva bis
zur Sündfluth, und das Vorleben der h. Maria von
der Verkündigung an die h. Anna bis zur Vermäh-
lung Marien's mit dem h. Joseph dargestellt. Mit
Folio XII beginnt der neutestamentarische Cyklus,
welcher auf 35 Blättern ebenso viele Darstellungen

von der Geburt Christi bis zum jüngsten Gerichte
jede derselben von drei typologischen Darstellungen be-
gleitet und erläutert durch Beischrift in Deutscher
Prosa und gereimten Lateinischen Versen enthält.
Diese typologischen Reihen führen uns zwar in ihrer
Mehrzahl die schon feststehenden alttestamentlichen Vorbilder vor Augen, doch stehen denselben einige zur
Seite, welche schon sehr ein Abgehen von der früheren
Strenge der Auffassung erkennen lassen. So finden
wir als Typen theils Parabeln aus dem neuen Testamente, wie jene von dem guten Hirten, von der Wein-
traube u. s. w., theils Darstellungen aus der Apoka-
lypse, theils auch Darstellungen aus der mystischen
Naturgeschichte angewendet. So ist beispielsweise der
Vogel Strauß, welcher das gläserne Gefäß, in dem
sein Junges eingeschlossen gehalten wird, durch Begie-
ßung mit Schlangenblut zerbricht, zum Vorbilde Christi
erhoben, der die Pforten der Unterwelt zersprengt.
Aber auch der heidnischen Geschichte werden bereits
Typen entnommen, so wird uns die Königin Thamaris,
welche das Haupt des Cyrus in einen Blutschlauch
steckt, als Vorbild der h. Maria, welche der Schlange
den Kopf zertritt, und Codrus, der sich zum Wohle
des Staates selbst opfert, als Vorbild des Opfertodes
Christi vorgeführt.

Noch weiter geht die Willkür in der Aufstellung
neuer Typen in der sogenannten Summa caritatis,

einer umfangreichen Bilderhandschrift aus dem Stifte Lilienfeld, welche den Abt Ulrich (1345—1351) zum Verfasser hat.

Sie umfaßt auf nahezu 300 Folioblättern die gesammten heiligen Zeiten und die Feier aller Heiligen, wie dieselben in dem Römischen Brevier angeordnet erscheinen. Wir finden in demselben und zwar zum ersten Male die sinnvolle Verbindung der neutestamentlichen Begebenheiten mit Darstellungen aus dem alten Testamente und mit symbolischen Bildern aus dem Thierleben, also die unmittelbare Aneinanderreihung des gesammten symbolischen und typologischen Bilderkreises, welchem wir bisher nur in getrennter Darstellung begegnet sind.

Die Anordnung dieses umfangreichen Bildwerkes, in welchem Alles, was durch Jahrhunderte auf dem Gebiete christlicher Symbolik und Typologie sich aufbaute, mit kundiger Hand zu einem Ganzen zusammengestellt erscheint, ist derart, daß auf der linken Seite der aufgeschlagenen Handschrift die Bildreihe, auf der rechten Seite die Erläuterung derselben uns entgegentreten. Zu oberst sehen wir immer die betreffende Evangelien-Darstellung, umgeben, wie dies bei dem zweiten Bilderkreise zur Regel geworden ist, von den vier Halbfiguren von Propheten mit ihren Spruchbändern.

Unterhalb hievon sind je zwei alttestamentarische Darstellungen und in der dritten Reihe zwei Darstellungen aus der Natur, wie der Verfasser es nennt, angebracht. Abt Ulrich wollte damit jedoch kein gelehrtes Werk bieten, in der Vorrede legt er seine Absicht offen dar, er hat es blos zu dem Zwecke abgefaßt, um den armen Klerikern, denen kein großer Büchervorrath zu Gebote steht, in Bildern und kurzen Worten die Wahrheiten des Christenthums darzulegen, denn Gemälde sind, wie er sich ausdrückt, die Bücher der Laien.

Diese Aufgabe ist nun allerdings gelöst, aber, wie uns scheint, in nicht vollkommen befriedigender Weise. Von vorneherein mußte es bedenklich erscheinen, für eine Fülle von mehr als 300 Darstellungen aus dem neuen Testamente und dem Leben der Heiligen die doppelte Anzahl passender Typen aus dem alten Testamente und dem Thierleben aufzufinden. Hier mußte, um der Aufgabe zu genügen, völlig mit den alten Traditionen gebrochen werden, es konnte sich nicht mehr blos darum handeln, von den bereits feststehenden Typen Gebrauch zu machen, es mußten geradezu neue aufgefunden werden. Ein gleiches Bewandtniß hat es auch mit den Thiergeschichten, die geringe Anzahl der Thiere, welche theils der Physiologus, theils die weiteren Bestiarien enthalten, reichte nicht zu, um allen Beziehungen, für welche Symbole nothwendig waren, zu genügen. Es mußte daher auf den ganzen Umkreis der mystischen Thiergeschichten eingegangen werden, gleichviel ob dieselben bis nun schon eine christliche Umdeutung erfahren haben oder nicht. So ist es gekommen, daß die Mehrzahl der Typen und Symbole, wie sie uns vorgeführt erscheinen, dunkel und undeutlich bleiben und selbst an der Hand der von dem Verfasser gegebenen Erläuterungen in vielen Fällen nur eine äußerliche Beziehung zur Hauptdarstellung erkennen lassen.

Eine wortgetreue Wiederholung dieser Summa caritatis aus dem Schlusse des 14. Jahrhunderts befindet sich in der fürstlich Liechtenstein'schen Bibliothek in Wien; sie ist vorzugsweise dadurch interessant, daß sich auf den Darstellungen die Umwandlung, welche das Kostüm in der Zwischenzeit erfahren hat, mit ziemlicher Genauigkeit nachweisen läßt.

Noch müssen wir schließlich zweier typologischer Handschriften erwähnen, welche, gleichfalls dem 14ten Jahrhundert angehörend, in der k. k. Hofbibliothek aufbewahrt werden. Der Kunstwerth der in denselben vorgeführten Miniaturdarstellungen ist ein sehr bedeutender, minder hoch steht der Inhalt. Während in allen bisher betrachteten Bilderkreisen die neutestamentlichen Darstellungen der Mittel- und Ausgangspunkt für die angereihten Vorbilder sind, ist in ihnen das gerade Gegentheil zur Anwendung gebracht. Beide Handschriften bieten uns nämlich das alte Testament in der Reihenfolge seiner Bücher in bildlichen Darstellungen, und jedem alttestamentlichen Bilde folgt ein dem neuen Testamente entnommenes, welches die Erfüllung des vorangegange-

nen darthun soll. Auf diesem Wege entfaltet sich vor
unseren Augen ein Reichthum von Gestaltungen, der sich
kaum bewältigen läßt, und für die Phantasie des Künstlers ein glänzendes Zeugniß ablegt, obgleich ihn schwer
jener Tadel trifft, den wir schon im 4. und 5. Jahrhunderte durch Isidorus und Augustinus über Jene verhängt
finden, die Alles und Jedes, was in dem alten Bunde
sich begab, auf Christus übertragen wollen. Indem dies
wirklich angestrebt wird, muß von der Strenge und der
Angemessenheit des überkommenen Typenschatzes häufig
Umgang genommen werden, es macht sich eine Willkür
der Deutung geltend, die den Werth des Gebotenen sehr
herabstimmt, und häufig tritt eine Verallgemeinerung
des Grundgedankens ein, der in den traditionellen Bilderkreisen seine bestimmte Fassung hatte. So wird beispielsweise das Verschwinden des Propheten Henoch und
dessen Wandlung zu Gott nicht auf die Himmelfahrt
Christi, sondern auf die Aufnahme aller Heiligen und
Frommen in das Reich Gottes, — das Opfer Kain's
und Abel's nicht auf den Opfertod Christi, sondern Kain's
Opfer auf die äußerliche Opfergabe der Juden, Abel's
Opfer auf die geistige Opferung der Christen, die schweren Arbeiten endlich, welche Pharao den Juden auferlegt,
nicht auf die Leidenswege Christi, sondern auf die Gewalt gedeutet, mit welcher der Teufel allen Bekennern
des Christusglaubens droht.

Haben wir mit diesen Handschriften die Ausläufer

unserer Bilderkreise kennen gelernt, so erübrigt uns nur
mehr, darauf hinzuweisen, daß durch die sogenannte Restauration der Kunst, die sich durch das gesteigerte
Bewußtsein persönlicher Geltung charakterisirt, mit den
gesammten Grundlagen des Früheren völlig gebrochen
wurde. Eine neue Zeit entfaltete ihre Schwingen, die
im Bewußtsein eigener schöpferischer Kraft es nicht für
nöthig hielt, ihre Blicke nach rückwärts zu wenden.
So gerieth dasjenige bald in Vergessenheit, was fürder
keine Beachtung fand. Der eigentlich gelehrten Forschung in unseren Tagen blieb es vorbehalten, den langen Weg zurückzuwandeln bis zu den Quellen dieser ver-
klungenen Zeiten und den Schleier zu heben, von welchem die großartigen und tief durchdachten Gestaltungen
unserer Vorfahren bedeckt waren. Doch sollten die Resultate, die nunmehr an das Tageslicht traten, keinen anderen Zweck haben, als die ehrenvolle Wißbegierde einer
kleinen Schaar von Gelehrten zu befriedigen? „Soll es
genug sein, das Erforschte sich selbst und Anderen zur
Anschauung und zur Erkenntniß gebracht zu haben, um
es demnächst schwarz auf weiß in den Katakomben der
Wissenschaft beisetzen zu lassen?" Wir beantworten
diese Frage, unseren Vortrag schließend, mit den Worten des geistreichen Kunstforschers H. Schnaase.
„Wohl halte ich es für nothwendig", so äußert sich derselbe, „daß wir Künstler und Kunstfreunde den Sinn
für diese geistige Architektonik üben und uns mit ihr be=

freunden, weil sie ein künstlerisches Element enthält, dessen wir bedürfen. — Der vollendete Naturalismus, zu welchem unsere Kunst hingedrängt wird, in welchem sie in gewissem Sinne ihr Verdienst und ihre Stärke hat, — ist doch auch eine Fessel, welche sie lähmt und ihr den Verkehr mit den höheren geistigen Gebieten, namentlich die Darstellung religiöser Gegenstände und Ideen erschwert, unmöglich zu machen droht. Ohne diese kann aber keine Kunst auf die Länge bestehen und schon jetzt, wenn wir gewisse Gallerien und zwar von Meisterwerken heutiger Kunst durchwandern, überfällt uns der Gedanke an das Wozu? und Wohin? mit drückender Schwere. Ist dem aber also und können wir auf christlichem Boden die Natur, da wir sie zu gut kennen, nicht idealisiren, so müssen wir suchen, ihr ihre höheren Beziehungen abzugewinnen, die Fäden aufzufinden und darzulegen, welche das Einzelne mit dem Ganzen, das Irdische mit dem Göttlichen verbinden. Und das gibt nothwendig etwas Aehnliches, wie jene mittelalterliche Symbolik.“

(Separatabdruck aus der Wiener Zeitung vom 13., 14. u. 15. Dez. 1859.)

II.

Ueber

deutsche Volkstrachten

von

J. Falke.

Es könnte paradox erscheinen, daß ich es unternehme, einen Gegenstand hier zu besprechen, von welchem die Besprechung selbst nachweisen soll, daß er gar nicht in das Bereich irgend einer Alterthumswissenschaft gehört, daß er überhaupt ein moderner ist. Indessen läßt sich doch nicht in Abrede stellen, daß das gewöhnliche Vorurtheil den Volkstrachten noch immer ein unvordenkliches Alter zuweiset. Wenn es mir nun gelingen sollte, diese vermeintliche Antiquität zu widerlegen und die Alterthumskunde von einem ihr nicht angehörigen Gegenstande zu reinigen, so dürfte dieses negative Resultat wenigstens eine hinreichende Entschuldigung für mich sein.

Bisher hat eigentlich Niemand versucht, in irgend wissenschaftlicher Weise, sei es nun antiquarisch oder historisch, sich mit den Volkstrachten zu beschäftigen; wohl haben wir davon eine Menge bildlicher Samm-

lungen, aber Niemand hat über ihre Herkunft und die
Zeit ihrer Entstehung ein Wort hinzugefügt. Dieser
Mangel beruhte auf sehr natürlichen Ursachen. Man
mußte erst in gewisser Weise mit der allgemeinen Kostümgeschichte fertig sein, um auffinden zu können, was
sie auf ihrem Wege hat liegen lassen, herausgeschleudert
aus dem großen Strome der Kultur, und darum unbe-
achtet und vergessen. Denn das sind eben Volkstrachten
ihrer Entstehung und ihren Hauptbestandtheilen nach,
einstige Formen der allgemeinen Mode, die irgendwo
in Stadt und Land gewissermaßen festfroren, erstarrten,
während die lebendig wechselnde Mode zu neuen Formen überging. Es folgt hieraus, daß sie keineswegs
in's graue Alterthum hinaufsteigen, gar zu Gothen und
Hunnen, wie der Münchner von seinen berühmten nach
der Mode des vorigen Jahrhunderts gekleideten Dach-
auern meint. Die Mode mußte erst voraufgehen, damit Volkstrachten werden konnten; sie ist das Erste,
diese sind das Zweite, das Abgeleitete.

Um dieses beweisen zu können, wird es wohl nothwendig sein, uns überhaupt erst ein wenig nach den
Trachtenzuständen, namentlich der niederen Klassen, im
Mittelalter umzusehen, damit wir darüber klar werden,
daß das, was wir heute Volkstrachten nennen, überhaupt nicht in jener Periode der Geschichte existirte. Doch
ebenso nothwendig erscheint es mir, den eigentlichen

Begriff unseres Gegenstandes festzustellen, theils um der Untersuchung möglichst enge Grenzen zu setzen, theils etwaigen Mißverständnissen vorzubeugen.

Denn man könnte unter Volkstracht zweierlei jetzt ganz verschiedene Dinge verstehen: einmal die große bleibende Nationaltracht, wie sie noch gegenwärtig manchen Völkerschaften des mittleren und östlichen Europa zu eigen ist, wie den Russen, Polen, Ungarn und anderen, welche Tracht bekanntlich ganz in demselben Maße verschwindet, als diese Völker sich der allgemeinen Europäischen Kultur anschließen. Die übrigen mittleren und westlichen Völker Europa's, die Deutschen, Franzosen, Italiener, Engländer und auch die Bewohner Skandinaviens hatten in diesem Sinne nie eine Nationaltracht so wenig im Mittelalter wie in der Gegenwart. Sie folgten immer mit leicht erkennbaren Eigenthümlichkeiten dem allgemeinen Gange des Kostüms, kurz der Mode, die im Grunde so alt ist, wie die christliche Kultur überhaupt. Diese Art der Volkstracht lasse ich hier gänzlich unberücksichtigt, obwohl ich gestehen muß, daß eine Untersuchung über sie gerade an diesem Orte von besonderem Interesse wäre. Wahrscheinlich würde sie zu nicht unähnlichen Ergebnissen führen, wie wir sie über die andere Art werden kennen lernen.

Diese zweite Art bilden jene lokalen, anscheinend unwandelbaren Trachten der mannigfaltigsten Art, wie sie, heut-

zutage und eigentlich immer den niederen Ständen eigenthümlich, bald ganzen Landschaften und Stämmen, bald
nur Thälern und Dörfern, einzelnen Klaffen und Lebens-
zweigen in Städten und Städtchen angehören. Wir
finden sie in ganz Italien, Spanien und Frankreich wie
in Deutschland und in der Schweiz, überhaupt bei allen
Völkern des mittleren und westlichen Europa. Ueberall
hier stehen sie zu der Geschichte des Kostüms in gleichem
Verhältniß, nur daß die spezielle Landesgeschichte sie zu
sehr verschiedenen Zeiten hervorgerufen und in sehr ver-
schiedener Weise verändert hat. Mit Rücksicht auf die
Allgemeinheit des Grundgesetzes werden nur die Deutschen Volkstrachten den besonderen Gegenstand unserer
Untersuchung bilden und ihre Entstehung, ihre Wand-
lungen, ich möchte sagen, ihre Geschichte — denn auch
sie haben eine — uns beschäftigen.

Daß ihre Wurzeln noch nicht, oder doch nur in
äußerst seltenen Ausnahmsfällen in's Mittelalter zurück-
reichen, wird eine kurze Uebersicht der damaligen Trach-
tenzustände alsbald uns nachweisen. Es erscheint dabei
kaum nothwendig, zur heidnischen Zeit zurückzugehen.
Indessen könnte man sich doch zu dem Glauben veranlaßt fühlen, daß Sueven, Franken, Sachsen und Andere,
wie sie nach einander in die Geschichte eintreten, sich
durch bleibende und stammeseigenthümliche Kleidung
unterschieden hätten, gleich den heutigen Schwaben,

Westphalen oder Altbaiern. Dem ist aber nicht so und
konnte auch nicht so sein, weil das ganze Kostüm ein viel
zu einfaches war. Der freie und vornehme Mann trug,
von Schuhen und gelegentlicher Kopfbedeckung abgesehen, nur einen anliegenden Rock, der, weil er vorn ge-
schlossen war, über den Kopf angezogen werden mußte,
und dazu einen kurzen, auf der Schulter zusammenge-
haltenen Mantel. Erst später kamen wirkliche Beinklei-
der hinzu. Wenn es von den Sachsen heißt, sie hätten
diesen Rock etwas weiter und länger getragen, so reicht
dieser einzige Umstand zur Begründung einer Volkstracht nicht aus, und eben so wenig ihre Strohhüte, die
ihnen im 10. Jahrhundert zugeschrieben werden. Im
Uebrigen finden wir diese selbe Kleidung durchweg den
Deutschen Stämmen eigenthümlich und alle mit einander machten die Wandlung mit, welche das Kostüm unter
den Karolingern und ihren nächsten Nachfolgern traf.

Damals nämlich begann auf den Wegen, die das
Christenthum ebnete, Römersitte und Römerkultur tiefer
in das Deutsche Leben einzudringen. So auch sehen wir
die Römertracht, wie sie in Italien fortlebte, sich der
Deutschen, die Tunica dem „Fränkischen Rock“, wie
man ihn nannte, gegenüber stellen. Der Unterschied
war nicht so bedeutend: es brauchte sich nur der Rock
um Hüften und Arme zu erweitern und ein ziemlich
Stück zu verlängern, so war die spät-Römische Tunica

fertig. Und das geschah denn auch: der Deutsche wandelte sich in diesem Sinne um, sei es, daß er seinen Rock der Mode zu lieb umänderte, oder daß er geradezu mit bewußter Nachahmung die Tunica anlegte. Somit trat er gegen das Ende des ersten Jahrtausends mit Hinzufügung von Beinbinden und Römisch gekürztem Haar der antiken Tracht eben so nahe ungefähr wie Roswitha ihren klassischen Vorbildern. Auch darin, daß der Deutsche zwei Tuniken zu tragen begann, eine obere und eine untere, liegt nur eine weitere Annäherung zum Römischen Muster, denn es war das längst die Sitte der Kaiserzeit gewesen.

Ganz in demselben Sinne hatte sich die Kleidung der Frau antikisirt. Die anschließende Enge war einer sackähnlichen Weite gewichen; Taille gab es nicht mehr. Aber demungeachtet waren Mann wie Frau noch weit entfernt von Musterbildern plastischer Schönheit; anderer Stoff, anderer Schnitt und die schwere Goldverzierung ließen den Faltenwurf nicht zur Wirkung kommen. Hierin liegt der Unterschied von der Römischen Welt, begründet in dem weiten Abstande der künstlerischen Bildung.

Von diesem Romanisirten Kostüm aus beginnt nun allerdings eine originale Entwicklung, die sich in ununterbrochenem Strome bis auf die Gegenwart fortgesetzt hat. Wir können sie gradezu als den Weg von der Tunica bis zum Frack bezeichnen. Denn in der That sind

Weste und Frack nichts anderes als die untere und die obere Tunica, nur freilich tragen sie von den Schicksalen einer tausendjährigen Lebensreise die Spuren allzusichtlich an sich. Sie haben alle Weltbegebenheiten, alle Fortschritte und Rückschritte der Kultur, allen Wechsel des Geschmackes mitgemacht, und ein jedes wußte an ihnen zu bessern, zu flicken, zu schneiden und beschneiden, bis wir denn heute die Resultate in voller Pracht sehen; nur auf Originalität dürfen sie keinen Anspruch erheben.

Zuerst kam die goldene Zeit des Mittelalters, der Lieder- und Liebesfrühling der edlen Frau Minne, und unter ihrem weiblich feinen Geschmack lernten sie Anstand und Eleganz; selbst zu plastischer Schönheit erhoben sie sich. Nach unten lang und weit, schlossen sie sich um Hüften und Oberkörper dem Wuchse an und enthüllten auf's vortheilhafteste die Schönheit des menschlichen Körpers. Aber dieses Bestreben, Schlankheit und Gliederbau zur Geltung zu bringen, gerieth in's Extrem, als im 14. Jahrhundert das Mittelalter mit raschen Schritten in Entartung versank. Alle Falten hörten auf. Der Rock wich von den Füßen herauf bis gegen die Hüften und verkürzte sich endlich im 15ten Jahrhundert zur Jacke. Gleichzeitig trieb man die gespannte Enge so weit, daß aller Anstand vergessen, die Glieder der freien Bewegung beraubt wurden. Um in

vollerem Maße dieser Mode genügen zu können, machte
man an den Armen und auf der Brust von oben herab
und von unten herauf Einschnitte und versah sie mit
Knöpfen, um leichter anziehen und straffer anspannen
zu können. Hierdurch entstand ohne Absicht die vordere
Oeffnung, und hierdurch wurde der moderne Rock sammt
Weste in seiner Grundform geschaffen, denn er konnte
nun einfach angezogen werden, während er früher
wie die Tunica über den Kopf angelegt werden mußte.

Alle übrigen Veränderungen, die mit dem oberen
und unteren Rocke vorgingen, interessiren uns nun
weit weniger: wenn die Schöße sich bald verlängern,
bald verkürzen, die Taille sich verengt oder erweitert,
wenn ein Kragen sich umlegt, die Aermel sich öffnen, so
sind das Veränderungen, welche die Mode damit vor-
nimmt, um sie alsbald unter anderen Formen wieder
verschwinden zu lassen.

Die Veränderungen, welche mit der weiblichen Tunica, dem Rock oder Kleid, vor sich gehen, sind in gewissem Sinne dieselben, natürlich weil von derselben
Strömung der Kultur gehoben und getragen. Auch hier
in der Minnezeit bei wallendem Faltenwurf um die
Füße dieselbe Geltung der Büste, dieselbe Einziehung
um die Hüfte bis zur vollen Einschnürung. Die Ver-
kürzung des Männerrockes konnte freilich das Frauen-
kleid nicht mitmachen. Als aber die Jacke entstanden

war, da trennte es sich durch einen Schnitt um die
Hüften in zwei Theile, in das Leibchen und den Rock,
eine Trennung, die bisher völlig unbekannt gewesen
war. Hieraus geht für unseren Gegenstand, was ich
im Voraus sagen will, eine bemerkenswerthe Folgerung
hervor. Alle Volkstrachten nämlich, bei denen das gewöhnlich reichgeschmückte Mieder eine Rolle spielt, müssen jüngeren Datums sein, als diese Trennung, welche
gegen das Jahr 1450 eintrat. Und alle bekannteren
Volkstrachten zeichnen sich weiblicherseits eben hierdurch aus.

Wir würden sehr irren, wollten wir diese Hauptveränderungen des mittelalterlichen Kostüms lokal beschrän-
ken, auch nur auf ein Land wie Deutschland. Das
ganze abendländische christliche Europa nahm Theil
daran. Und nicht blos das, sondern auch alle die klei-
neren Modeformen an Kopf und Fuß und wie sie Rock
und Mantel und Beinkleid umspielen, waren ihm ge-
meinsam. So z. B. führt die lang geschwänzte Gugel um
das Jahr 1350 der Spanische und Englische Ritter, wie
der Böhme, der Italiener und der Provenzale, und
selbst dem Bürger Deutscher Reichsstädte mußte sie ge-
setzlich beschränkt werden. Zwar hören wir hier und da
wohl von Französischen oder Englischen Moden, und
von Einzelheiten, die ganz lokalen Ursprunges sind,
z. B. Westphälischen oder Böhmischen, aber eben die

Art ihrer Erwähnung hebt die lokale oder nationale Be-
schränkung schon wieder auf. Eine Alleinherrscherin in
der Mode gab es damals noch nicht gleich dem heutigen
Paris. Jedem Land fiel sein Theil bei der Erfindung
zu, der in Bezug auf Deutschland im 14. und 15ten
Jahrhundert nicht gering anzuschlagen ist. Deutschland
z. B. ist die Wiege der Schellentracht und der Jacke.
Aber die Moden flogen schon damals von Land zu
Land, daß bald der Ursprung vergessen war, zumal die
individuelle Eitelkeit vielmehr Freiheit besaß nach Ge-
fallen an der Urform zu modeln. Als nun gar im
15. Jahrhundert die Welt mit einer wundersamen Fülle
von Trachtenformen, lauter Variationen derselben The-
mata, überschüttet wurde, als der Mensch nur eine
Gliederpuppe oder Maskenstock schien und der Menschen-
phantasie würdigste Aufgabe, ihn auf's lustigste zu dra-
piren; da weiß man vollends nicht mehr zu sagen, weß
Landes Kinder sie sind. Kaum tauchen neue Formen
auf, so erblicken wir sie schon überall, um wieder alsbald in der Fluth der Nachkömmlinge unterzusinken.

Hieraus sehen wir wohl, kann im Mittelalter, was
die herrschenden oder gebildeten Stände betrifft, in keinem Sinne von einer Volks- oder Nationaltracht die
Rede sein. Kein Volk hatte sie, viel weniger eine Pro-
vinz, ein abgesondertes Land oder Ländchen. Sie alle
folgen der großen Mode, die seit der Mitte des 14ten

Jahrhunderts mit raschem Wechsel und ihrer unbarm-
herzigen Unerbittlichkeit ganz den modernen Charakter
annimmt. Wohl war es der Fall, daß eine jede Nation
die allgemeinen Modeformen in ihrem eigenthümlichen
Geiste aufnahm und ihnen ein nationales Gepräge auf-
zudrücken wußte. Daher ist es einem geübten Auge
wohl möglich, den Italiener vom Franzosen, Deutschen
u. s. w. zu unterscheiden. Aber diese Unterschiede sind
gerade wie heutzutage, nicht mehr und nicht minder.
Oder wer erkennt z. B. nicht Mylord Dickton auf hundert Schritte? Und zudem hängen sie nur der flüchti-
gen Mode an, sind nichts Bleibendes, kommen und
verschwinden mit dieser.

Doch, wenn wir auch bei den höheren Ständen nichts
derartiges treffen, vielleicht sind wir glücklicher mit
Bürger und Bauer oder dem, was von heute auf
morgen lebt und sein Brot ißt im Schweiße des Ange-
sichts! Noch viel weniger! Was die urgermanische Zeit
betrifft, so brauchen wir bei eingebornen oder kriegsge-
fangenen Sklaven sicherlich nicht nach einer Volkstracht
zu suchen. Hier galt es nur, die Blöße zu hüllen. In
der Zeit der Karolinger deckte alle diese Zweige der
menschlichen Gesellschaft überall ein und derselbe
Rock, der sich noch fast vollkommen bis auf den heutigen
Tag in der Blouse erhalten hat. Es war ein Rock, der
sich vom vornehmen vorzugsweise durch größere Kürze

unterschied; sonst war er mäßig weit; über den Hüften
durch den Gürtel aufgenommen, erreichte er ziemlich
das Knie. Der Rock war noch ein und alles, denn
Beine und Haupt waren in der Regel unbedeckt, nur
an den Füßen saßen grobe Bundschuhe. Gegen des
Winters Kälte freilich mochte wohl ein billiger Pelz
schützen oder ein dicker Lodenstoff. Dieser Rock blieb des
Bauern Eigenthümlichkeit das ganze Mittelalter hindurch. Aber seit dem 13. Jahrhundert etwa suchte sich
der Bürger davon zu befreien und nach Möglichkeit der
Mode zu folgen, was ihm auch innerhalb gewisser
Grenzen gelang, und andererseits gesellten sich zu dem
Bauernrock einige andere ergänzende Stücke, die aber
ebenfalls nicht nationale oder lokale Unterschiede zu bilden vermochten. So kam vom Gallischen Bauer und
Bürger die Gugel mit der Kapuße herüber und wurde
auch in Deutschland und anderswo Tracht der niederen
Stände, des Jägers und des Reisenden, bis sie, was
öfter geschehen, von unten auf in die Mode gekommen
war und im westlichen Europa fast ein halbes Jahrhundert alle vornehmen männlichen und weiblichen Häupter
bedeckte. So wurde auch eine ordentliche Beinbekleidung,
so auch der Filzhut und verschiedene Formen von Filz-
kappen dem Bauer zu eigen.

Alles dies aber, was der Bauer und Bürger eigenthümlich hatte, bildete keinen lokalen oder nationalen

Unterschied: es charakterisirte ihn nur als Stand. Als
solchen kennzeichneten ihn auch besondere Farben, die nicht
blos durch die Sitte, sondern auch vom Gesetz vorge-
schrieben erscheinen. Es herrschte darin gerade das um-
gekehrte Verhältniß wie heutzutage. Die vornehmen
Stände kleideten sich in Farben von leuchtender, kräfti-
ger und voller Wirkung; Grau aber und alle gebroche-
nen, namentlich die sog. Schmutzfarben überließ man
dem Bürger und Bauer. Vom 14. Jahrhundert an
wußten sich diese modesüchtig allmälig auch die anderen zu
erobern. Ebenso finden sich Beispiele genug, daß der
Bauer auch sonst es mehrfach versucht hat, dem Vornehmen in der Mode gleichzukommen. Bekanntlich ist
der Mensch, ich will nicht sagen, um so eitler, aber gewiß um so putzsüchtiger, je niedriger die Stufe seiner
Bildung ist. Lange Friedenszeiten und glückliche Ernte-
jahre machten ihn zuweilen übermüthig und sein ange-
bornes Streben nach Höherem ließen ihn zuerst nach der
Mode greifen. Einen solchen Zustand finden wir im
13. Jahrhundert gerade in dieser Gegend. Die Gedichte
des Sängers Nithart sind der Klagen voll. Nicht genug,
daß der Dörfer mit vornehm geschnittener Kleidung der
Ritter Herrlichkeit nachzuahmen sucht, daß er ein Schwert
an der Seite trägt und seinen Hut mit Pfauenfedern
schmückt: er hängt auch Muskatnüsse an die Bänder
seines Hutes, um die sonst an kräftigeren Geruch ge-

wöhnte Nase mit zartem Duft zu erfüllen. Und die Dorfschöne, hören wir, führt beständig den Spiegel bei sich. Aehnliche Zustände kennt auch Helbling in Nieder-Oesterreich. Auch anderswo war diese Vornehmsucht des Bauern nicht unbekannt. Ein solches Beispiel ist der vielgenannte Meiersohn Helmbrecht, der in schmucken Kleidern, zarter Toilette und freiem Räuberleben den Aristokraten zu spielen meint.

Aber solche Zustände sind nirgends von Dauer: Krieg, Pestilenz, Mißwachs, kurz die schwere Noth der Zeit fegte sie augenblicks von dannen, und der Leinwand-kittel und der Lodenrock bleiben nach wie vor des Bauern Standestracht. Noch fehlte jegliche Vorbedingung, das, was etwa von der Mode in das Volk herunterkam, zum Bleiben zu bringen. Der Bauer war nichts als Stand und hatte darum auch keine Spur von jenem ehrenwerth konservativen Sinn, der mit zähem Beharren an eigen-thümlicher Sitte festhält. Er behielt die alte Kleidung, weil er mußte, gezwungen durch die Verhältnisse. Er hätte es gerne anders gehabt.

Es konnte das natürlich auch bei der weiblichen Klei-dung nicht anders sein. Sie war von derselben Einfach-heit ausgegangen und hatte sich im Ganzen dabei gehal-ten, nur daß sie den großen Hauptveränderungen lang-sam gefolgt war. So hatte auch das Kleid der Bäuerin um die Hüften sich verengt, und endlich sich ebenfalls

in Leibchen und Rock getheilt. Dabei war es im Ganzen
geblieben. Besonderheiten, welche die Bäuerin von der
wohlhabenden Städterin und der vornehmen Dame
schieden, bestanden in der Kürze des Kleides, in den her-
abhängenden aufgebundenen Zöpfen und im umgebun-
denen Kopftuch.

Gegen den Ausgang des 15. Jahrhunderts scheinen
bei der allgemeinen Kleiderlust die Moden schon tiefer
hinabdringen zu wollen und die unteren Stufen der
menschlichen Gesellschaft in ihren Strudel hineinzuziehen.
Die Klagen werden allgemeiner und wir gewahren ihren
Widerschein auf mancherlei bildlichen Darstellungen.
Sebastian Brant klagt, daß den glücklichen Elsaßer
Bauern — es sind dieselben, die zuerst den Bundschuh
zum Bauernkrieg erhoben — daß ihnen der Zwilch nicht
mehr wie sonst schmecken wolle; es müsse ein lündisch
oder mechlisch Kleid sein, zerhackt und zerschlitzt und
voll Farben, wild über wild; seidene Kleider trügen sie
und goldene Ketten am Leibe. Wir erkennen hierin sofort die gleichzeitige neue Mode der Zerschlitzung und
die der bunten Farbenzusammensetzung. Es ist uns ein
Bildchen ungefähr derselben Zeit und vielleicht aus derselben Gegend erhalten, das die Modesucht und Gecken-
haftigkeit plumper Dorfstutzer geißeln will. Wir sehen
sie an der Hand ihrer derben Schönen mit ungelenken
versteiften Gliedern mehr springen als tanzen. Nach

5

modischer Weise und altem Herkommen zuwider tragen
sie langes Haar, aber nicht feingekräuselt, sondern poma-
deglatt sitzt es am gemeinen Gesicht; mit Weinlaub haben sie es umwunden statt des Blumen- oder Feder-
kränzleins. Vollkommen nach feiner Herren Sitte, die
sich damals decolletirten, tragen sie eine weit ausge-
schnittene Jacke, die den Hals und die braunen Schul-
tern entblößt, und das kurze Mäntelchen hat kaum die
Breite des Rückens. Auch die Arme tragen sie bis zum
Ellbogen blank und bloß, und aus den kurzen, aufge-
schnittenen Aermeln dringt das Hemd faltig heraus.

Da dieses Beispiel nicht vereinzelt steht, so könnte
man hierin schon Anfänge der Volkstrachten erblicken.
Und in der That läßt sich nicht in Abrede stellen, daß
wir, obwohl in sehr seltenen Fällen, noch heute einzelnen Stücken in der Volkstracht begegnen, die bis zu
den Moden vom Ende des 15. Jahrhunderts hinauf-
zuführen sind. Aber so vereinzelt wie jetzt, fast so vereinzelt erscheinen sie schon im Anfange des 16. Jahrhunderts. Der Sturm der Reformationsperiode wehte
sie alle bei Seite.

So kann es kein Zweifel sein, daß die Neuzeit, welche
wir etwa mit dem Jahre 1500 anzufangen gewohnt
sind, noch ohne älle Volkstrachten beginnt, und
eben so wenig kennen sie die ersten fünfzig Jahre, die
eigentliche Reformationszeit. Die bildlichen Quellen

sind so überaus zahlreich, daß kein Streit obwalten
kann. Wir brauchen nur ein paar der sog. Kleinmeister
zu durchmustern, so liegt der ganze Trachtenzustand
vor unseren Augen. Namentlich führen die kleinen Genre-
bildchen in Holz und Kupfer uns die niederen Stände
allseitig vor. Da ist z. B. bei Lukas von Leyden keine
Spur von Holländischen Volkstrachten und eben so wenig von Nürnbergischen oder Fränkischen bei Dürer, den
Behams u. A. oder von Westphälischen bei Aldegrever.
Was wir sehen, ist überall der Anschluß an die alte her-
kömmliche Standestracht, oder es sind die gleichzeitigen Moden, die in bäurischer Umgestaltung bis in's
Volk hernieder gestiegen oder auf's Land hinaus gedrun-
gen sind. Aber jetzt treten die Vorbedingungen ein und
die Geschichte der Volkstrachten beginnt eben hiermit.

Diese Vorbedingungen, welche die neuere Zeit zu erfüllen hat, sind zweierlei. Einmal mußte sie die flüchti-
gen Moden, statt sie blos wie Blasen auf den Höhen
des Lebens aufsteigen und spurlos verschwinden zu lassen, die Stufenleiter der menschlichen Gesellschaft hin-
untertreiben bis in die untersten Schichten des Volks
und zugleich lokal verbreiten bis in die entlegensten, ein-
samsten Gegenden Deutschen Landes. Zweitens mußte
sie gleichzeitig den konservativen Sinn erwecken, der zäh
und beharrlich in Friedenszeiten festhält, was der Wel-
tensturm von der hohen See verschlagen hat an das

Gestade bis in die tiefen Buchten hinein. Denn, wie ich
schon gesagt habe, sind eben Volkstrachten nichts als
ehemalige Moden, die von Stufe zu Stufe, von einer
Klasse zur anderen herabgestiegen sind, und nun, unten
angekommen, aber oben vergessen, in krystallinischer
Erstarrung gewissermaßen ein Scheinleben nach dem
Tode fortführen.

Damit aber soll nicht gesagt sein, daß diese ehemaligen Modeformen genau noch dieselbigen sind, wie da
sie bei den Spitzen der Gesellschaft in schönster Lebens-
blüthe standen, noch daß sie, einmal zur Volkstracht
geworden, nun unveränderlich die Gegenwart erreicht
hätten. Keines von diesem ist der Fall. Denn erstens
hatten sie auf ihrem Wege von oben nach unten mancherlei verschiedenartige Schichten zu passiren und stießen
dabei auf stets weniger gebildeten Geschmack, so daß sie
nothwendig bedeutende, ihrer Eleganz keineswegs zu-
trägliche Veränderungen zu erleiden hatten, unter denen oft das Urbild schwer zu erkennen ist. Zweitens
wiederholten sich die Stürme und trieben neue Moden
hinaus in dieselbe Gegend, verdrängten so die alte
Tracht ganz oder theilweise, ließen auch nur ein Stück
und wieder ein Stück zurück, so daß eine Volkstracht
gewöhnlich von vielen Zeiten zu erzählen weiß. Man
glaubt oft, die Perioden der neueren Geschichte an ihr
zurücklegen zu können.

Es ist klar, daß, wenn eine Periode die erste Bedingung zu erfüllen vermochte, so ist es diejenige, welche man gewöhnlich nach der Reformation zu benennen pflegt. Was man auch von ihr denken mag, so ist doch unleugbar, daß die erste Hälfte des 16. Jahrhunderts eine vollständige Umwälzung brachte. Neben den religiösen Bewegungen stehen die Kunst und die Wissenschaft, die Weltpolitik und die sozialen Zustände der Gesellschaft, das Gewerbe und der Handel, sie alle erlebten die Gährung und die Umwandlung. Diese Zeit hat das Eigenthümliche, daß sie den dritten Stand ganz vorzugsweise in die Bewegung hineinzog, den Bauer erst als Stand erkennen ließ.

Es war nun natürlich, daß der Handwerksmann und der Bauer, einmal im Strudel der Bewegung an die Oberfläche geworfen, soweit es ihm möglich war, auch nach den damaligen Moden, bisher dem gesetzlichen Vorrecht höherer Stände, griff und nahm, was ihm grade gut schien. Es kam dazu, daß die Eigenthümlichkeit der Zeit den Landsknecht an die Spitze der Modebewegung gestellt hatte. Wie er von unten heraufgekommen war und auch wieder dahin zurückkehrte, falls ihn nicht Schwert und Krankheit im fremden Lande gefressen, so konnte es nicht ausbleiben, daß er mit seinem tollen Kleidergelüst auch die Seinen in Stadt und Land ansteckte.

Hierdurch erfüllte sich in der That die erste Bedingung: die Modeformen traten an jeden Stand heran
und beseitigten wirklich die alte Bauern- und Arbeits-
tracht. Aber das allein konnte nicht das Resultat herbei-
führen; einmal von der Mode ergriffen, mußten sich die
niederen Stände sofort wieder von ihr lossagen und
festhalten, was ihnen geworden war, — sie mußten sich
ihr oppositionell gegenüberstellen, um nicht auf's Neue
umgewandelt zu werden, was ohnehin bald und zum
öfteren geschah. Der innere sozial-politische Gang der
neueren Geschichte, insbesondere Deutschlands, war es,
der diese Opposition bewußt und unbewußt hervorrief,
der die Absonderung und Abschließung begünstigte und
befestigte.

Es ist bekannt, wie namentlich seit dem 16. Jahrhundert die Zerlegung des Deutschen Reichskörpers durch
das Sinken der kaiserlichen Gewalt und das Wachsthum
der fürstlichen Landeshoheit so außerordentlich begünstigt
wurde. Es ist ein einfaches physisches Gesetz: je mehr
die Einheit des Ganzen leidet, je mehr ziehen sich die
getrennten Glieder in sich zusammen; je mehr das Reich
decentralisirt wurde, je mehr centralisirten sich die Theile,
wie losgerissene Tropfen die Kugelgestalt wieder finden.
Diese allbekannte Trennung und Zerlegung erscheint am
sichtbarsten auf politischem Gebiet, aber auf dem sozialen
geht sie noch viel tiefer. Jeder Bundestheil, jede Stadt,

jedes Dorf wird zu einem Vaterland, jeder Stand, jede
Zunft schließt sich in sich zusammen, bildet sich seine besondere Weltanschauung, seine besondere Sitte, seine Le-
bensansicht und inkrustirt und versteinert sich darin.
Darüber geht freilich der Patriotismus für das große
Vaterland zu Grunde, die Grenzen des Weichbildes bilden den politischen Horizont, die Interessen konzentriren
sich auf die Stadt, die Gemeinde, die Verwandtschaft
und die Familie und endlich auf das liebe Ich. Hierin
haben wir in Kurzem die Entstehung des Deutschen
Spießbürgers, dessen Blüthezeit das 18. Jahrhundert
ist; hierin aber suchen wir auch die zweite Bedingung
für die Volkstrachten, dessen Glanzperiode ebenfalls das
vorige Jahrhundert ist.

Es zeigt sich sofort ein bemerkenswerther Gegensatz
in der Kostümgeschichte, den das ganze Mittelalter in
keiner Weise kennt. Wir sehen die höheren Stände Europa's überall sozial und geistig eine universalistische Bildung
nach Französischem Muster anstreben; für sie wird die
Mode Frankreichs die eine und einzige Weltkleidung.
Diesem Universalismus der Bildung und der Mode
tritt bei den niederen Ständen die soziale Absperrung
und der Partikularismus der Volkstrachten gegenüber.
Jene Seite ist charakterisirt durch die räumliche Einheit,
aber die zeitliche Flüchtigkeit und Vergänglichkeit der
Formen; diese durch ihre ungemessene Zersplitterung

über den Raum hin, dagegen zeitlich durch ihre hart-
näckige Dauer. Beide können natürlich nicht ohne gegen-
seitige Berührung bleiben. Politische Stöße treffen bald
diese bald jene Gegend zu verschiedenen Zeiten und
bringen die bisherige Tracht zum Wanken. Zugleich
sucht die Mode immer auf's Neue wieder hinunter zu
dringen. Es gelingt ihr auch, hier ein Stück und dort
ein Stück einzuschieben, auch wohl das alte Kostüm
ganz zu verdrängen, in welchem Falle das Neue sofort
wieder festgehalten wird. Hierauf beruht die Mannigfaltigkeit der heutigen Volkstrachten. Daher kommt es
aber auch, daß wir in Ost und West, im Gebirg und
am Meer so häufig dieselben Eigenthümlichkeiten wieder
finden, ohne daß ein anderer Zusammenhang als der
einer ehemaligen Mode zu ahnen wäre. Ein Beispiel
davon ist die dichte Reihe der großen blanken Knöpfe,
die sich von den Alpen bis zur Ost- und Nordsee und
ich meine auch jenseits derselben findet. Ihr Unterschied
besteht nur in des Landes Münze und Vermögen, ob
nach Thalern, Gulden oder Zwanzigern gerechnet wird.
Diese Sitte konnte nicht eher zur Volkstracht werden,
als bis die Mode der großen Knöpfe am Hofe Ludwig's XIV. eingeführt war.

Der Kampf zwischen der Mode und der Volkstracht,
der die Städte wie das Land ergreift, wird oft in ganz
bewußter Weise geführt. Die Koketterie der Jugend mit

dem Neuen, das gleichzeitige Hereindringen des gesammten Franzosenthums ruft das ehrwürdige Alter
des Bürgerthums auf zur Vertheidigung der vermeint-
lich uralten und nationalen Trachten und schafft so schon
im 17. Jahrhundert eine Art romantischer Partei wie
heutzutage. Auch das Gesetz wird in den Kampf für und
wider herbeigezogen. Wir werden davon einige Beispiele haben, wenn ich nun diese allgemeinen Bemer-
kungen im Besonderen an den Trachten selbst möglichst
kurz darzulegen suche.

Ich habe schon erwähnt, wie es den großen Umwäl-
zungen in der ersten Hälfte des 16. Jahrhunderts wirklich gelang, die Trachten der niederen Stände umzu-
schaffen. In den Städten kostete das nicht so viel Mühe.
Hier hatte die Gesetzgebung schon längst schweren Stand
gehabt, selbst die dienenden Klassen in ihren Schranken
zu halten. Jetzt fruchtete sie nichts mehr; selbst das allgemeine Reichsgesetz von 1530 gesteht in öfterer Wiederholung seine Ohnmacht ein. Der Arbeitsrock, die
Blouse, sieht sich auf ein geringes Terrain zurückge-
drängt und statt seiner herrscht die kurze Jacke, das
Wamms. Das Barett hat auch in diesen Regionen
trotz des Verbots den Filzhut aus dem Felde geschlagen, und an ihm, an Wamms, Beinkleid und Schuhen
zeigt sich die flüchtige Lieblingsmode der leichten Schlitze
und buntfarbiger Auspuffung.

6

So weit brachte es der Bauer damals noch nicht.
Die Zerschlitzung wies er ab und deßgleichen das Barett, aber statt der geschlossenen Blouse trägt er eine
Jacke oder einen kurzen, vorn offenen Rock, womit er
sich also der Mode näherte; darüber, wenn er wohlha-
bend ist, an Sonn- und Festtagen noch einen zweiten,
den Ersatz der bürgerlichen Schaube; ferner schlichtes
Beinkleid in schlottrigen Stiefeln oder unförmlichen Schuhen. Einen tiefer gehenden Einfluß der Mode können
wir auch bei den Frauen nicht finden. Uebrigens ist der
Anblick jeder von beiden noch ziemlich gleich durch ganz
Deutschland.

Ein ganz anderes Resultat erblicken wir schon fünfzig
Jahre später gegen den Ausgang des 16. Jahrhunderts.
Wir sehen nicht blos, daß die Mode in ganz charakteri-
stischen Einzelnheiten, die als die Spitzen der Eleganz
gelten, selbst das Landvolk ergriffen hat; wir glauben
auch schon die Wirkungen des beginnenden Beharrens
wahrzunehmen, denn so manche dieser Formen, mit
denen sich noch der Bauer oder selbst der Bürger schmückt,
sind schon Jahrzehnte wieder aus der Mode verschwunden.

Im Ganzen stimmt das Kostüm der niederen Stände
zum allgemeinen Modecharakter dieser Periode. Aus der
Frauentracht ist die Decolletirung verschwunden und die
Kleider gehen hoch zu Hals. Ueberhaupt sind nach der
Freiheit der vorigen Periode nunmehr ängstliche Ver-

hüllung, Versteifung und unnatürliche Auspolsterung
die Haupteigenschaften. Aber nur die beiden ersteren
Eigenschaften nimmt das Volk völlig auf, die letzte
mäßigt es nach seiner Bequemlichkeit. So finden wir
wohl die Schulterpuffen, das ausgesteppte Wamms und
die Pumphose, aber fern von den Ungeheuerlichkeiten
der vornehmen oder landsknechtischen Welt. Selbst die
Hauptzierde der damaligen Tracht, die faustdicke
gewundene Krause, der große Scheiben- oder Mühl-
steinkragen, blieb dem Bauer nicht fremd: er trägt ihn,
freilich in bescheidnerer Gestalt, wie er mit der Sense
auf der Schulter zur Ernte geht, und selbst die Hände
umziehen gleiche Manschetten. Die Bäuerin stand ihm
darin nicht nach; sie läßt die dicken Zöpfe über den großen Ringkragen fallen. Auch eine folgenwichtige Neue-
rung, die Trennung des mittelalterlichen Beinkleides in
Kniehose und Strumpf, welche 1550 durch die Lands-
knechte aufkam, finden wir schon nach wenigen Jahrzehnten auf dem Lande eingebürgert.

Ueberhaupt ist die Geschichte des Beinkleids schon in
den nächsten Jahrzehnten sehr lehrreich für die Bildung
der Volkstrachten. Ich muß bemerken, daß damals die
Krinoline als Vertugalla oder Gallische Tugend ihren
ersten Weltgang hielt. Die Männer bestrebten sich dem
edlen Beispiele zu folgen und stopften ihr entsprechen-
des Kleidungsstück zu ähnlicher Breite mit hundert Ellen

Karteck, mit Maſſen von Wolle, Werg, Kleie, Weizen
u. ſ. w. aus. Daher die vielgenannten Pluder- und
Pumphoſen. Dieſe freilich konnte der Bauer nicht
gebrauchen. Als nun durch die Soldaten des Spaniſch-
Niederländiſchen Kriegs ſtatt der prallen Pumphoſe die
eben ſo weite aber ſchlaffe und am Knie gebundene
„Schlumperhoſe" aufkam, verbreitete ſie ſich alsbald
durch Holland und das ganze nördliche Deutſchland.
Auf den Niederländiſchen Genrebildern iſt ſie eine ganz
gewöhnliche Erſcheinung, ja der Holländer machte ſie
zum eigentlichen Symbol ſeines Nationalcharakters, des
Phlegma's, der ſtattlichen Breite ſeines Weſens und ſeiner ſchweren Würde. Nur veränderte er ſie mit der
Zeit, ohne ihrer Phyſiognomie, ihrem Profil Abbruch
zu thun. Ein Engliſcher Reiſender ſchildert das in der
Mitte des 18. Jahrhunderts ganz luſtig nach eigener
Anſchauung: „Der richtige Holländer", ſagt er, „iſt eine
der ſonderbarſten Figuren von der Welt; er trägt keinen
Rock, aber ſieben Weſten und neun Paar Hoſen, ſo daß
ſeine Hüften beinahe unter den Achſeln anfangen." Er
ſetzt dann hinzu, daß die theure Ehehälfte für jedes
Paar Hoſen des Gemahls zwei Unterröcke anzieht. Hier
haben wir ganz dieſelbe bäuriſche Umwandlung des Reif-
rocks, der Vertugalla, welche ſich mit der Pumphoſe
unter das Volk verbreitet hatte. Wir finden dieſes Beinkleid in ſeiner ſchlaffen Geſtalt noch gegenwärtig in der

Volkstracht, und zwar unverändert z. B. bei einer gewissen Klasse kaufmännischer Handlanger in Lübeck, den sog. Packern und Trägern. Vor wenigen Jahren, und wohl auch noch gegenwärtig, sah man sie bei Eger und überhaupt an verschiedenen Orten. Uebrigens war sie in dieser Gestalt dem Süddeutschen Gebirgsbauer nicht genehm, das Schlottrige war ihm beim Steigen hinderlich. Er verengte sie alsbald wieder und zog sie selbst über das Knie herauf, dasselbe entblößend.

Ich will nur noch eines besonderen, interessanten Beispiels dieser Periode gedenken; das ist das Barett. In der ersten Hälfte des 16. Jahrhunderts war es der Stolz der eleganten Welt, die einzige Kopftracht von Herren und Damen; der arbeitenden und dienenden Klasse, so wie dem Bauer war es durch das Reichsgesetz verboten. Gegen die Mitte schon fiel es in Ungnade, theils schrumpfte es zusammen in winzig kleine Gestalt, theils wich es dem Spanischen Hut. Ein paar Jahrzehnte später, da es völlig von der Mode verworfen war, trugen es die Handwerksfrauen und die Dienstmägde in Deutschen Städten; es gleicht ganz dem alten an Größe und Gestalt, aber doch ist es steif und plump geworden; die freie Eleganz und den leichten Schwung hat es eingebüßt.

Einen auffallenden Beweis für das Auseinanderfallen und lokale Festsetzen der Moden in dieser Periode bildet das ganz neue Auftommen von Trachtenbüchern gegen das Ende des 16. Jahrhunderts. Früher konnte es keine geben und gab es keine, weil eben die lokalen oder nationalen Unterschiede fehlten. Jetzt entsteht alsbald eine ganze Reihe, bemüht, uns von Land zu Land, von Stadt zu Stadt zu führen und uns mit Ständen und Würden bekannt zu machen. Die Unterschiede, die wir erblicken, alles gegenwärtige Moden oder Ueberreste der letzten Periode, sind noch so unbedeutend in der ganzen Welt des Abendlandes, oder kehren so oft wieder, daß es klar ist, wir befinden uns noch ganz im ersten Werden der Volkstrachten. Aber das ist auch entschieden ausgesprochen. Daß die Neigung, Trachtenformen festzuhalten und zu konsolidiren, bereits tief in's Volksgefühl eingewurzelt war, dürfte auch daraus ersichtlich sein, daß alle städtischen Amtstrachten, die theilweise noch das 19. Jahrhundert erlebten, von Moden des 16. Jahrhunderts ihren Ausgang genommen haben. Sobald sie bei der eleganten Welt in Mißkredit kamen, wurden sie dem Bürgerthum ehrwürdig.

Dennoch kann sich uns die Wahrnehmung nicht entziehen, daß von den heute noch vorhandenen Volkstrachten verhältnißmäßig sehr wenige bis in's 16. Jahrhundert hinaufreichen. Die Ursache war weniger die Werdelust einer neuen Zeit, die sich im Beginn des 17. Jahrhunderts nach Spanischer Steifheit und Unnatur in freieren Moden regt, als die Noth und die Drangsale des dreißigjährigen Krieges. Wo die Kriegsfurie sich eine Zeit lang niederließ, da wurden auch andere Erinnerungen an die Vergangenheit ausgelöscht als die des Kostüms. Die Masse des Landvolkes mochte zufrieden sein, wenn ihnen so viel übrig blieb, sich zu decken und gegen Kälte und Nässe zu schützen — das Wie? hatte sein Interesse verloren. So verschwand alsbald wieder der größte Theil der jüngst gebildeten oder noch in Bildung begriffenen Volkstrachten. Alle die zahlreichen populären Bilder, welche die Kriegsereignisse begleiten, zeigen den Bauer nicht anders als in verbauerten Trachten derselben Zeit. Ein schlaffer Hut, ein offener kurzer Rock, schlaffe Kniehose, Strümpfe, Schuhe oder Stiefel — so sehen wir ihn überall.

Aber der dreißigjährige Krieg bildet nur eine Episode. Kaum ist der Friede da, so erhält der konservative Sinn wieder die Oberhand, nicht, indem er die früheren Formen wieder hervorsucht, sondern indem er die neu erworbenen, nämlich die des Krieges und der nächsten Jahre, zum Stehen bringt. Und hiervon hat allerdings Vieles die Gegenwart erreicht, obwohl nicht ohne mannigfache Veränderungen durch die Angriffe des Zopfkostüms und durch die Französische Revolution erlitten zu haben. Hierher gehören größtentheils die Trachten der Oesterreichischen und Baierischen Alpenländer.

Etwas anders war der Gang in den Deutschen Städten, die ihre Thore gegen den Krieg und die Moden zugleich zu verschließen suchten, so weit es gehen wollte. Die Frauenwelt selbst der besten Bürgerklassen erscheint eine Zeitlang wie der Mode völlig unzugänglich, sie geht ganz ihren eigenen Weg, wie verlassen vom eleganten Verkehr. Wir hören in den verschiedensten Städten Nord- und Süddeutschlands eine Menge Namen, besonders für Kopftrachten, die uns bis dahin ganz unbekannt waren: da gibt es Bockelhauben, hohe Gestricke, Flinder- und Marderhauben, das Muschelbund, dann silbergestickte Kragen, genannt Bristlen, dann Schäublein und so manches Andere, das wir erst verstehen lernen, wenn wir es bildlich sehen. Da können wir uns denn freilich nicht verhehlen, daß sie nur Veränderungen älterer Vorbilder des 16. Jahrhunderts sind. Ein schlagendes Beispiel davon ist das Schäublein, das gegen 1650 ein mantelartiger Pelzkragen war. Hundert bis 150 Jahre früher war es als Schaube, als pelzbesetzter burnusartiger Ueberwurf das allgemeine Staats- und Ehrenkleid der Männer gewesen. In der zweiten Hälfte des 16. Jahrhunderts verkürzte es sich bis zur Taille und ging in dieser Gestalt auf die Frauen über, die es als Volkstracht etwa 100 Jahre festhielten. In anderer Gestalt erreichte die Schaube als Amtstracht reichstädtischer Rathsherren noch das gegenwärtige Jahrhundert.

Weniger originell in volksmäßiger Umbildung der
Mode zeigt sich das männliche Geschlecht der Städte.
Es macht auf allen Bildern den Eindruck, als ob es
immer zwanzig Jahre hinter der Mode zurück sei. Einzelne Theile scheint es ungern ablegen zu wollen. Es
will die große Radkrause nicht mit dem zierlichen schlich-
ten Spitzenkragen vertauschen, den steifen Hut nicht mit
dem schlaffen, die Schuhe nicht mit den breitkrämpigen
Stiefeln. Die Jugend will immer dem militärischen
Stutzerthum folgen, das Alter widersetzt sich und sucht
die Tracht der Väter zu vertheidigen. Nur ist es darin
in Täuschung befangen, daß es eben diese alte Tracht
für die uralt nationale hält, während sie doch noch zu
der Väter Zeiten Spanischen Vorbildern entlehnt wurde.
Der Krieg wurde in satirischen Bildern und Versen geführt; es wurde auch wohl das Gesetz herbeigezogen
gegen die Neuerungen. So die Braunschweiger Kleider-
ordnung vom Jahre 1650: Bürgermeister und Rath
„befinden mit sonderbarer Displicenz, daß allerhand
fremde, neue und ungewöhnliche Muster oder Modelle
in der Zierath und Kleidung eingeführt worden“, und
weil „Gott der Herr dadurch erzürnet und christliche
Herzen geärgert werden“, so verbieten sie dieselben „bei
Vermeidung ernster willkürlicher Strafe“.

Nach Beendigung des Krieges, da Deutschland sich
dem Französischen Einfluß willenlos hingab, kommt die

patriotisch-antiquarische Partei bald zu der Einsicht, daß
ihr Widerstand ein vergeblicher geworden. Gegen das
Jahr 1700 war ihr allerdings nichts geblieben, worauf
sie stolz sein konnte, als die geistliche und weltliche Amtstracht. Diese war ihr „wohl recht eine Krone und Zierde
der löblichen Antiquität, ja gleichsam eine unauslösch-
lich brennende Glorfackel von dem allerältesten Anfang",
und doch hatten ihre Großväter sie noch entstehen sehen,
theilweise sie selbst noch, insoferne auch die Perrücke dazu
gehörte. Unter dem Amtsrock waren freilich die Rathsherren elegant nach Französischer Mode gekleidet.

Wir können annehmen, daß in der genannten Zeit,
gegen 1700, die Volkstrachtenbildung bei der männlichen Bevölkerung der Städte völlig erstorben ist; nur
Einzelheiten erhalten sich in den unteren Klassen. Das
Bürgerthum folgt der Mode mit Perrücke und Zopf,
wenn es auch um ein bis zwei Jahrzehnte hinter ihr
zurückbleibt.

Nicht so ist es mit den Frauen, die, freilich nicht
überall, immer wieder festzuhalten und separatistisch um-
zubilden bemüht sind. Sie haben damit einen schweren
Stand, denn nunmehr wendet sich das Gesetz gegen die
Volkstracht wie früher gegen die Mode. Man fand,
was allerdings gewöhnlich richtig war, die erstere zu
theuer wegen der goldenen und silbernen Ketten, Schnü-
ren, Borten u. s. w.. Aus gleichem Grunde fanden

auch die großen Pelzhauben nicht obrigkeitlichen Beifall.
Ein lehrreiches Beispiel gibt die Trachtengeschichte von
Straßburg, obwohl hier theilweise Ausnahmsverhältnisse
obwalteten. Im Jahre 1628 hatte eine Verordnung in
dieser Stadt viele Neuerungen verboten „als dem alt-
Deutschen Wesen ungemäß." In der Mitte des Jahrhunderts stand Straßburg wegen seiner Trachten bei
den Patrioten in gutem Ruf. Als es 1685 vom Reich
losgerissen wurde, sah sich die neue Französische Regierung zu einer Verordnung veranlaßt, welche das Ablegen der Deutschen Tracht und das Anlegen der Französischen befahl, angeblich „der bei dem Weibervolk
eingerissenen Kleiderpracht" zu steuern. Die Motivirung
ist bemerkenswerth; es heißt: „Wann nun solchem Un-
wesen lange nicht nachgesehen noch dasselbige geduldet
werden kann, und Wir uns dabei erinnern, daß in viel
Städten in Deutschland, namentlich zu Frankfurt, Ham-
burg, Leipzig u. a. mehr, solchem Mißbrauch dadurch
fürgebogen worden, daß die Frauen und Jungfrauen
sich der Französischen Kleidung bedienen" u. s. w.
Wir lernen hieraus, wie es mit anderen selbstständigen
Deutschen Städten stand.

Wir wissen nicht, welchen Erfolg diese Französische
Verordnung für Straßburg gehabt hat. Wurden die
damaligen Deutschen Frauentrachten abgelegt, so bilde-
ten sich wieder andere nach neueren Französischen Mu-

stern; denn etwa hundert Jahr später finden sich wieder
andere, ebenfalls Deutsche genannt, die aus der Mode
der Zeit von 1730 — 1740 hervorgegangen sind. Wir
kennen sie auch aus Goethe's Beschreibung. Gegen
diese wurde ein neues Gesetz erlassen. Im Jahre 1793
nämlich erschienen die Volksrepräsentanten St. Just und
Lebas. Ihre Proklamation lautete: „Die Bürgerinnen
Straßburgs sind eingeladen die Deutsche Tracht abzu-
legen, weil ihre Herzen fränkisch gesinnet sind". St. Just
und Lebas hatten unterschrieben, die Guillotine stand
im Hintergrund, und so, dürfen wir annehmen, wurde
sofort gehorcht.

Wir finden im 18. Jahrhundert die Obrigkeit an
vielen Orten im Kampf mit den Volkstrachten. Es lag
das ganz im Geist der damaligen Büreaukratie, welche
miterleuchtet von der berühmten Aufklärung und dem
Rationalismus vulgaris huldigend, alles hübsch gleich
und eben zu machen trachtete und am liebsten die ganze
Welt weiß angestrichen hätte. Ich will nur eines Beispiels gedenken. In Folge einer Verordnung zu München wurden am 1. Jänner 1750 den Bürgerinnen und
Bauerfrauen auf öffentlicher Straße und vor der Kirche
von der Stadt Amtleuten die goldenen Hauben, die
sogenannten Riegelhauben, von den Köpfen und die
goldenen Brusteinsätze aus dem Mieder gerissen; Frauen
der Rathsherren, die von den niedern Beamten nicht

berührt werden durften, wurden notirt und ihnen mili-
tärische Exekution in's Haus gelegt. Zwei Jahre darauf
wurde das Verbot erneuert und verschärft, doch umsonst,
wie noch die Gegenwart lehrt. Jedoch hatten im Ganzen die Volkstrachten in den Städten auch bei den
Frauen kein rechtes Leben mehr, wenn sich auch noch
mancherlei bis in die Tage unserer Kindheit herabgezo-
gen hat. Auch das ist größtentheils nur veraltete
Mode; die reicheren Bürgerinnen suchten immer mit
der Mode zu gehen.

Dagegen ist auf dem Lande die zweite Hälfte des
17. Jahrhunderts und namentlich das 18. die rechte
Zeit der Volkstrachten. Ein großer Theil Süddeutschlands, namentlich südwärts der Donau bis zum Lech,
schließt sich an die nach dem Frieden versteiften Formen
des 30jährigen Krieges an, doch hat er manches Spätere eindringen lassen: so die blanken Knöpfe und die
kurze Jacke. Letztere ist noch jünger als der Rock des
Schwaben, der mit langen Schößen, Seitentaschen,
blanken Knöpfen und stehendem Kragen der versteinerte
und verbauerte Nachkomme des Galarocks Ludwig's XIV.
ist. Auch seine Schnallenschuhe und seine enge Kniehose
beurkunden diese hohe Abkunft; nicht weniger der auf-
gekrämpte Hut. Wir mögen an den Spanischen Erb-
folgekrieg denken, als an die Zeit, wo diese Tracht vom
Pariser Hof bis zur Schwäbischen Bauerhütte herabge-

7

stiegen war. Derselbe Rock ist auch in Mecklenburg und
an der Niederelbe viel verbreitet. — Gegen das Ende
des 18. Jahrhunderts wurden die Volkstrachten auf's
Neue unsicher und schwankend. Es war die Französische
Revolution mit all ihrem kulturgeschichtlichen Neben-
bei, welche erst die Köpfe aus der Ferne verkehrte und
dann den Leuten nahe genug in die eigene Existenz trat.
Es ist merkwürdig, wie außerordentlich zahlreich ihre
Spuren in der Volkstracht sind und zwar in den schein-
bar entlegensten Gegenden, z. B. in der Rhön, in Mecklenburg, am oberen Main. Es sind nicht die ausgebildeten Trachtenformen der Revolution, obwohl auch davon manches sitzen geblieben, nicht die gräzisirte Kleidung der Frauen oder das wüste Löwenthum, sondern
bemerkenswerther Weise sind es die Trachten, welche ihr
unmittelbar vorausgingen und mit denen sie begann:
die vereinfachte Tracht der Nordamerikaner, der litera-
rischen Frei- und Schöngeister, kurz das sog. Werther-
Kostüm mit gelber Weste, straffer Lederhose in blanken
Stiefeln und mit Cylinderhut; nur der Frack hat sich
zur Jacke verkürzt. Dieser verbauerte Werther ist in
vielen Gegenden Deutschlands noch heute eine ganz gewöhnliche Erscheinung. Von den eigentlichen Errungen-
schaften der Revolution, wovon wir manches in Holland
und an den Norddeutschen Küsten finden, will ich nur
des gekreuzten Brusttuches gedenken: es ist das sog.

Fichu, welches die starke Decolletirung und die Busen-
gestelle aus Draht in den letzten Jahren des vorigen
Jahrhunderts hervorrief. Die Norddeutsche Fischfrau
trägt es immer noch und knüpft es auf dem Rücken,
obwohl ihr das Kleid hoch zu Halse geht: der Ursprung
ist völlig vergessen.

Das sind nun die uralten Volkstrachten, zu denen
der Menschen Gedenken nicht mehr hinaufreicht. Es ist
bekannt genug und oft beklagt worden, daß sie gegenwärtig im Aussterben begriffen sind. Den Leuten rückt
mit Eisenbahnen und Telegraphen die Weltkultur allzu-
nahe auf den Leib; in ihrem Gefolge ist die Mode, und
wie sie jener sich nicht mehr verschließen können, werden
sie auch diese nicht auszusperren vermögen. Freilich
wird auch der Weltverkehr wieder auf Hauptpunkte kon-
zentrirt und Gegenden und Ortschaften, die bisher im
Mittelpunkte lagen, bleiben nunmehr unberührt und
vergessen. Vielleicht, daß sich in dieser Verlassenheit
wieder neue Volkstrachten bilden, die natürlich von der
Mode unserer Tage auszugehen hätten. Und so ist es
möglich, daß nach 50 oder 100 Jahren die Zierden
der heutigen Eleganz, Frack und Cylinder, von der
Mode längst verworfen, dort als uralte Volkstracht
fortleben, angestaunt von Touristen und eingetragen in
die Skizzenbücher. Aehnliches ist ja schon jetzt im Baierischen Gebirg zu sehen, wo des Sonntags die Herren

Räthe aus München in der grauen Juppe mit dem grauen Hut und dem Gamsbart darauf beim Bier sitzen, am nächsten Tisch aber die Herren Bauern in Frack und Chlinder. Und das wäre denn die jüngste Volkstracht.

————————— —— —

(Separatabdruck aus der Wiener Zeitung vom 20. und 21. Dezember 1859.)

III.

Die

Porta aurea und der Diocletianische Kaiserpallast in Spalato

von

Prof. R. v. Eitelberger.

Im Laufe dieses Jahres ist die Ausgrabung der Porta Aurea des Diocletianischen Kaiser-Pallastes zu Spalato durch die Bemühungen des dortigen Kreis-hauptmannes Dr. Buratti und die Mitwirkung einzel-ner Patrioten vollendet worden. Das Zustandekommen einer solchen Restauration durch Private ist ein Ereig-niß, das im Ganzen zu den seltenen gerechnet werden kann, und das an und für sich schon der Anerkennung der Freunde des Alterthums werth, die Aufmerksam-keit der Kunstkenner auf diese in seiner Art einzige Ruine aus der Römischen Kaiserzeit wieder gelenkt hat. Denn ein einziges Monument im eigentlichen Sinne des Wortes ist dieser Kaiser-Pallast; steht er ja in viel vollständigerer und größerer Weise aufrecht, als die Kaiser-Palläste Roms. Diese sind kolossale Ziegelbauten, fast unförmliche Ruinen, innerhalb deren immensen

*

Räumen es schwer wird, sich zu orientiren. Die Ruinen
des Kaiser-Pallastes in Spalato hingegen sind kolossale
Steinbauten, entnommen den Kalkstein- und Marmor-
brüchen von Tragurium und der Insel Brattia — ein
Materiale von unverwüstlicher Dauer — und in der
Hauptsache so erhalten, daß es nicht schwer wird, sich
ein Bild des alten Pallastes in deutlichen Zügen aufzu-
bauen. Dieser Diocletianische Kaiser-Pallast hat sich seit
langem der Aufmerksamkeit der Oesterreichischen Kunstfreunde mehr entzogen, als es im Interesse der Sache
selbst zu wünschen gewesen ist. Die Ruinen des alten
Salona haben jene durch einige Zeit hindurch fast aus-
schließlich beschäftigt. Und sicher ist dieses alte Salona,
obwohl eine spät-Römische Stadt, eine sehr interessante
Erscheinung unter den Römischen Denkmälern des
Oesterreichischen Kaiserstaates, aber seiner ganzen An-
lage nach nicht zu vergleichen mit der inneren Bedeutung, der Würde und der Majestät des Diocletianischen
Pallastes, welche trotz der deutlichen Anzeichen einer
im Verfalle sich befindenden Architektur, für jeden Beschauer hervortritt.

Die Pracht dieses Pallastes ist nicht blos unserer Zeit,
die den fremdartigen Gebäuden einer alten Welt gegenüber vielleicht etwas befangen ist, und in seinem Urtheile durch die Bedeutung des Monumentes eben dieses
Gefühl mit einfließen läßt, aufgefallen, sondern auch

einem Schriftsteller, wie es Konstantinus Porphyrogen-
netus gewesen ist, der im 10. Jahrhundert der christlichen Zeitrechnung auf dem Throne des Byzantinischen
Reiches, in der Hauptstadt eines prachtvollen und luxu-
riösen Hofes gelebt hat, und sicher kein Neuling solchen
Monumenten gegenüber war, wie es die in Spalato
sind. Und trotzdem gibt dieser kaiserliche Schriftsteller in
seinem Werke über die Vertheilung der Legionen in den
verschiedenen Provinzen seines Reiches, den zwei Bü-
chern „περὶ θεμάτων", von dem Pallaste einen Bericht, worin er erklärt, „daß ihn kein Plan und keine
Beschreibung erreiche." Aber schon damals war er eine
Ruine gewesen.

Lange Zeit hindurch haben die eigentlichen Alter-
thumsforscher diesen Pallast vergessen. In den kolossa-
len Räumen des ziemlich regelmäßigen Vierecks, welches
er einnimmt, haben sich die heimathlosen Einwohner
der Umgegend in den grauen Zeiten des frühen krieg-
erfüllten Mittelalters geflüchtet. Der alte Pallast wurde
der Mittelpunkt einer neuen Stadt, und der Name des
Pallastes „Palatium" ging über in die korrumpirten
Formen, Ασπάλαθον (Const. Porph.), Spolatum
(Geogr. Rav.) u. s. f. aus denen der heutige Name
Spalato sich gebildet hat. Für die wachsende Bevölkerung, welche in den wohlangelegten gegen alle krie-
gerischen Eventualitäten gesicherten Umfangsmauern

einen größeren Schutz fanden, als in irgend einer alten
Stadt Dalmatiens, dabei begünstigt durch die Nähe des
wasser- und wiesenreichen Thales von Salona und der
weinreichen Insel Brazza, wurde der alte Kaiserpallast
zu enge, und es bildete sich im eigentlichen Mittelalter
schon neben dieser innerhalb der Pallastmauern einge-
schlossenen Altstadt eine Neustadt, ganz nach demselben
Prozesse, wie sich in unseren Zeiten in Folge des
raschen Aufblühens dieser auch für moderne Entwick-
lungen günstig gelegenen Stadt an die mittelalterliche
noch im fünfzehnten Jahrhundert mit neuen Thurm-
bauten befestigte Stadt, die Vorstädte (borghi) mit
einer zahlreichen und thätigen Illyrischen Bevölkerung
angelehnt haben.

An dieser Umwandlung des Pallastes in eine Stadt
hat auch die Kirche einen sehr großen Antheil. Sie fand
in dem Kaiserpallaste einen viel größeren Schutz, als in
dem benachbarten Salona und in den Ruinen und den
Monumenten des Kaiserpallastes, Bauwerke, die nicht blos
deßwegen für sie ein besonderes Interesse haben mußten,
weil sie der Tradition zufolge Zeugen von zahlreichen
Martyrern gewesen sind, sondern auch deßwegen, weil
die Monumente selbst in ihrer Würde und Majestät
zu einer Umwandlung für den christlichen Gottesdienst
ganz geeignet erschienen. Denn es gibt wohl keine Kirche
nicht blos im Oesterreichischen Kaiserstaate, sondern auch

in der gesammten christlichen Welt, die ein Atrium be-
säße, das in seiner Würde, in seiner Pracht und in seiner Alterthümlichkeit sich vergleichen ließe mit dem Peristyl des Domes von Spalato, mit der prachtvollen
Treppe, auf deren Fundamente ein phantastischer Cam-
panile im Romanischen Style aufgebaut ist, mit der
Egyptischen Sphinx, die auf den Stufen in der Nähe
dieses Thurmes liegen von Wilkinson in die Zeit der
18. Dynastie, also in die älteste Zeit der Pharaonen,
versetzt wird, und dem ganz eigenthümlichen Baptisterium
dem ehemaligen Mausoleum Diokletian's. Die Ver-
wandlung des alten Jupiter-Tempels in eine Maria-
Himmelfahrtskirche geht schon in eine sehr frühe Zeit zurück, und in eben diese frühe Zeit muß man auch die
Uebertragung der Heiligthümer von Salona nach Spalato
setzen. Die Pracht des Monumentes fiel auch auf die
Kirche, die zur Zeit ihrer Blüthe 24 Suffragane zählte,
zurück, und gab dieser in den Augen der Bevölkerung
rings herum Glanz und Würde.

Der erste, der unter den Archäologen mit einiger Bedeutung über das Monument von Spalato gesprochen
hat, ist der Engländer Georg Wheler. Er gibt in
dem Berichte seiner Reise, die er im Jahre 1675 im
Vereine mit dem Lyoner Kunstfreunde, dem Dr. Med.
Spon, unternommen hat, einen ziemlich ausführlichen
und nicht uninteressanten Bericht über Spalato und

seine Monumente. Ihre Bewunderung gilt nicht blos
der Pracht des Pallastes und der Mannigfaltigkeit
der Ruinen, welche sie dort vorfanden, sondern auch
dem Reichthum und Wohlfeilheit der Lebensmittel.
Sie fanden daselbst als einziges Hotel eine kleine Wirths-
stube des Weibes eines Deutschen Soldaten, welche den
seltenen Gästen die Speisen zu folgenden Preisen ser-
virte: Einen Hasen und ein Rebhuhn je zu fünf Soldi,
das Pfund Fleisch für ein Sold; eben so waren Schild-
kröten, Austern, Früchte aller Art zu Preisen, die zwar
nicht ausdrücklich angeführt werden, aber die Reisenden
in nicht geringeres Erstaunen setzten als die Denkmäler
selbst.

Der vielgelesene Bericht Wheler's hat in dem dar-
auffolgenden Jahrhundert einem Engländer, Robert
Adams, den Anstoß gegeben, Spalato für längere Zeit
zu besuchen. Diesem Engländer und seinem Französischen Begleiter, dem Künstler Clerisseau, verdanken
wir nicht blos die ausführlichste Beschreibung, sondern
auch die glänzendste und mit großem Talente ausge-
führte Illustration des Monumentes, die wir bis jetzt
besitzen. Den 11. Juni 1757 haben Adams und Clerisseau Venedig verlassen, und nach einer eilftägigen Reise
sind sie in Spalato angekommen, wo sie sich längere
Zeit aufgehalten haben. Anfangs belästigt durch das
Mißtrauen des Venetianischen Militär-Gouverneurs,

der sie für Spione hielt, welche nach Spalato gekommen sind, um die Festungsbauten zu kopiren, später aber ungehindert in ihren archäologischen Unternehmungen, wie dies überhaupt nothwendig ist, wenn dieselben zu einem gedeihlichen Ziele führen sollen. Finden sich auch einige kleine Ungenauigkeiten in der Aufnahme dieses Engländers, und ist er im Texte selbst ein viel zu sklavischer Nachfolger der Lehren des Vitruv, so treten doch diese kleinen Mängel im Ganzen hinter den großen Vorzügen zurück, welche das Werk von Adams auszeichnen. Was nach ihm über diesen Gegenstand gearbeitet wurde, insbesondere die im Jahre 1802 in Paris herausgegebene „voyage historique et pitoresque de l'Istrie et Dalmatie" von Cassas, ist nichts weiter als eine Paraphrase dessen, was besser und gründlicher im Werke des Adams zu finden ist.

Mit großen Restaurations-Plänen hat sich während der Zeit der Französischen Herrschaft Marschall Marmont getragen, welcher bekanntlich eine besondere Vorliebe für Dalmatien und Spalato hatte, und die Bedeutung des Kaiser-Pallastes eben so würdigte, als die der Stadt Spalato selbst. Bei seinen Bemühungen, die ganze Meeresseite des Pallastes von den häßlichen Zubauten der kleinen Häuser zu befreien, konnte auch er von der Tradition der klugen Venetianischen Regierung keinen rechten Gebrauch mehr machen, welche

den ganzen Kaiser-Pallast als Staatseigenthum betrachtete.

Während der Zeit der Oesterreichischen Herrschaft in
Dalmatien war die Aufmerksamkeit der dortigen Kunstfreunde durch lange Zeit hindurch mehr auf Salona als
auf Spalato gerichtet. Die Resultate, die in dieser
Richtung erreicht wurden, oder vielmehr bei einem län-
geren Leben des thätigen und unterrichteten Dr. Fran-
cesco Carrara hätten erreicht werden können, zu
würdigen, liegt außerhalb unserer Aufgabe. Für den
Kaiser-Pallast selbst hat unter den gegenwärtigen For-
schern der hochverdiente und thätige Conservator der
Monumente Cav. Andrich am meisten geleistet. Sein
Plan, den Dom selbst nach Außen von den Umbauten
zu befreien, und ihn nach Innen zu, da er ohnehin für
die wachsende Menschenmenge von Spalato zu klein ist,
frei von all den Zuthaten, welche gegenwärtig den Eindruck des Bauwerkes stören, als Atrium eines neuen
Domes hinzustellen, hat nicht minder allen Beifall der
Sachkundigen gefunden, wie seine treffliche Aufnahme
der alt-Römischen Wasserleitung, welche dazu bestimmt
war, hinreichendes Quellwasser für die zahlreichen Bewohner des Pallastes aus dem nahen Kalkgebirge in
denselben zu leiten.

An das Werk einer eigentlichen Restauration aber des
gesammten Monumentes konnte bis jetzt nicht geschrit-

ten werden. Im Lande selbst fehlt es an jener Fülle
von geistigen und materiellen Kapitalien, welche nothwendig sind, um ein so umfassendes Werk mit Erfolg
unternehmen zu können. Einen Anstoß von nicht gerin-
ger Art hat jedoch die Restauration der Porta Aurea
gegeben, sie gibt ein Zeugniß dafür ab, daß unter der
gebildeten Klasse der Bevölkerung der Sinn für die Bedeutung des Monumentes im Wachsen begriffen ist. Jeder,
der die isolirte Lage solcher Patrioten in fernen Provinzen kennen gelernt hat, weiß, wie nothwendig es ist, ein
solches Unternehmen, welches nicht geringe Opfer (über
8000 fl. C. M.) kostet, von der Hauptstadt aus öffent-
lich anzuerkennen. Da ich überzeugt bin, daß ich mit
diesen Worten nur jenen Gedanken Ausdruck gebe, welche
diese Versammlung in diesem Momente durchdringen und
mir dieser Ort gewissermaßen als der würdigste und
ehrenvollste erschienen ist, so habe ich mir vorzüglich aus
diesem Grunde erlaubt, die Aufmerksamkeit der Glieder
des Oesterreichischen Alterthumsvereines auf den Diocletianischen Kaiserpallast als das glänzendste Römische
Monument der Oesterreichischen Monarchie und auf die
Restauration der Porta Aurea zu lenken.

Was die Porta Aurea nun selbst betrifft, so ist sie die
eigentliche Prachtpforte des Diocletianischen Pallastes.
Dieser ist bekanntlich ein ziemlich regelmäßiges, nach den
vier Weltgegenden gerichtetes Viereck, dessen östliche und

westliche Seite 670 Fuß, dessen nördliche 560 und die südliche 500 Fuß mißt. Er ist nach den Grundsätzen der Römischen Kriegs- und Pallastbaukunst angelegt. Mit Thürmen befestigt, mit Thoren und Fallgittern versehen, war er von zwei regelmäßigen von Ost nach West gehenden Straßen durchschnitten. Die Porta Aurea war für den Pallast das, was die Porta Decumana bei einem Römischen Lager war. Die lichte Breite des Thores mißt 11' 4" nach Außen, 13' 2" nach Innen, die Mauerstärke beträgt 8½', der innere Raum des Vierecks, in welches man durch dieses Thor tritt, ist 28' × 31' 2". Gegenüber von dieser Hauptthür öffnet sich eine große Straße, die gegenwärtig sehr beengt, einst breit und majestätisch, zu dem Peristyl führt, welcher gleichermaßen als Vorhalle für den Tempel und als Eintrittshalle für die gegen das Meer gelegenen Theile diente.

Die Porta Aurea war das Prachtthor von der nördlichen, der eigentlichen Landseite aus. In dieses Thor mündete die Straße von Salona, die von da aus theils längst der Küste, theils nach dem Inneren von Illyricum an die Save führte. Seit vierzehn Jahrhunderten war der Eingang dieser Porta mehrere Klafter hoch mit Schutt bedeckt, der innere Raum mit Hütten und kleinen Wohnungen verrammelt. Einer Tradition zu Folge wurden die Statuen, welche in den Nischen am Eingange standen, von dem Venetianischen Proveditore

Diedo nach Venedig geschleppt. Die Wohnungen der
Prätorianer, Ostiarier und Vigilier wurden von der
armen Bevölkerung mit Beschlag belegt, gegenwärtig
ist dies Alles geräumt. Bei dieser Gelegenheit auch
wurden unterhalb des Fußbodens die geräumigen un-
terirdischen Kanäle der Wasserleitung blosgelegt.

Von den anderen Thoren des großen Vierecks ist nur
die Porta Ferrea gut erhalten, sie bildet heutzutage zugleich den Eingang von der Altstadt auf den Hauptplatz
des mittelalterlichen Venetianischen Spalato. Die gegen
das Meer zu gelegene Pallastseite hatte eigentlich keinen
selbstständigen Thorbau, sondern einen gegen das
Meer mündenden bedeckten Gang; dagegen hat diese
Seite, abgesehen von einer inneren Halle, geräumige
und große Magazine, mit ungeheueren von massiven
Pfeilern getragenen Gewölben, die ursprünglich offenbar dazu gedient haben, die vom Meere aus kommen-
den Waaren aufzubewahren. Gegenwärtig sind nur wenige von ihnen zugänglich. Sie sind seit Jahrhunderten
mit Schutt bedeckt und dienen, da in dem inneren
der Stadt auf dem Pallaste Häuser aufgebaut sind,
theilsweise als Abzugsräume für die Kloaken.

Der Mittelpunkt und in seiner Art wirklich das In-
teressanteste, was man sehen kann, ist der Peristyl und
der Dom. Der Peristyl, der heutige Domplatz, ein
Viereck von 120 Fuß Breite und 40 Fuß Länge, ist

leider schon in der Venetianischen Zeit arg mißhandelt
worden. Zwischen den hohen Korinthischen Säulen wurden zuerst kleine Kirchen, dann Wohn- und Kaffeehäuser
hineingebaut; der Tempel selbst mit der ihr umgeben-
den Säulenhalle entzieht sich durch die umstehenden kleinen Häuser der Betrachtung und macht nicht jenen im-
posanten Eindruck, welchen er hervorrufen würde, wenn
die großen ruhigen Massen des gewaltigen Achteckes hier
eine freiere Betrachtung zulassen würden. Für die Geschichte der Kunst hat er speziell noch wegen seiner Crypta
und der eigenthümlichen Konstruktion der Kuppel eine
Bedeutung, die gegenwärtig, wo die Frage über den
Zusammenhang des Byzantinischen Kuppelbaues mit
dem alt-Römischen von neuem untersucht wird, besonders
in den Vordergrund tritt.

Auf dieses Monument nach allen Seiten hin, wie es
dasselbe verdient, einzugehen, verwehrt mir der be-
schränkte Raum einer kurzen Vorlesung; nur Einen
Punkt erlaube ich mir noch mit wenigen Worten zu
berühren, nämlich die Zeit, in welcher er gebaut wurde.

Diese läßt sich nur annäherungsweise bestimmen.
Es ist im hohen Grade wahrscheinlich, daß derselbe zu
der Zeit der Hauptsache nach vollständig vollendet gewesen ist, als Diocletian in Nikomedien vor der Jupi-
ters-Statue im Beisein seiner Legionen und höheren Offi-
ziere in seinem 60sten Lebensjahr vom Throne herab-

stieg, um einer jüngeren Kraft, ebenfalls einem Illy-
rier, dem jungen Maximian den Szepter zu übergeben.
Es geschah dies wahrscheinlich am 1. Mai 305, an
demselben Tage, an dem auch Maximian in Mailand
mit demselben Gedanken, den die Worte, die ihm Eume-
nius in den Mund legte: „Accipe, Jupiter, quod com-
modasti", ausdrückten, seine Cäsarenwürde niederlegte.
Diocletian, in seinen Tugenden wie seinen Lastern den
Stamm nicht verläugnend, dem er angehörte, hat sich,
nach A. Vogel's, seines jüngsten Biographen richtiger
Bemerkung, auch darin als Dalmatiner bewährt, daß
er ein starkes Gefühl für seine Heimath bewahrte, und
wie noch heutzutage viele rüstige und glückliche See-
fahrer Dalmatiens das Ende ihres Lebens gerne in ihrer
Heimath beschließen, so auch beschlossen, in seinem
Vaterlande zu sterben. Sein Tod war bekanntlich nicht
ein Tod des Gerechten. Er starb im Jahre 313 wahrscheinlich durch eigene That, mit einer von Demüthi-
gung, Gram, und Furcht innerlich zerstörten Seele.
Wir haben guten Grund anzunehmen, daß sein Auf-
enthalt kein so idyllisch ruhiger gewesen, als ihn jene
ausmalen, die ihn als gemüthlichen Gemüsegärtner in
Salona schildern. Man wird nicht fehlgreifen, wenn man
die Zeit seiner Herrschaft als Cäsar, und seiner Abdankung, also die Zeit vom 17. September 284 und
1. Mai 305, als die Zeit betrachtet, in welcher der

Pallaſt erbaut wurde. Wahrſcheinlich nicht gleich in den
erſten Jahren der Herrſchaft begonnen, und am Tage der
Abdankung in allen Details vollendet, wird man zwanzig Jahre als die ohngefähre Zeit, als die eigentliche
Bauzeit betrachten können. Wer die großen Maſſen, die
zahlreichen weithergeführten Egyptiſchen Granitſäulen,
die reiche innere Einrichtung erwägt, wird ſicher nicht
Anſtand nehmen, den Bau als einen ſchnell und raſch
durchgeführten zu bezeichnen.

Die ganze Ausführung hat auch deutlich die Spuren
der Eile an ſich. Es wurden Konſtruktionsweiſen angewendet, die raſch zum Ziele führten; in den Details der
Ornamentik iſt der Bohrer mit einer ſtupenden Virtuo-
ſität angewendet; ſie ſind vielfach nur auf eine Maſſen-
wirkung, auf eine Betrachtung von ferne berechnet. Hie
und da ſind ſie nicht vollendet worden, ſondern das
Stück iſt, bevor es im Detail ausgeführt wurde, verſetzt
worden. Auch iſt die Regelmäßigkeit des Vierecks nicht
buchſtäblich zu nehmen; nach den genauen Meſſungen
von Cav. Andrich kommen Abweichungen vor, die hie
und da auch mit dem freien Auge wahrgenommen werden können. Trotzdem war dieſer Bau das ganze Mittelalter hindurch bis in die Renaiſſancezeit das Vorbild den
Dalmatiniſchen Architekten. Nicht blos die Decke des
Domes von Sebenico beruht auf der Fortbildung des
Prinzipes der Konſtruktion des Daches am Mauſoleum

zu Spalato; auf allen Romanischen Bauten Dalmatiens finden sich Kopien der Ornamente des Domes zu
Spalato. Aber auch so bleibt dieser Bau ein in seiner Art
höchst interessantes Denkmal Römischer Architektur.

Es geht solchen Monumenten gegenüber nicht, sie in
Bausch und Bogen mit dem Worte zu verurtheilen, sie
seien Werke der Verfallszeit, — sie verlangen eine ein-
gehendere Würdigung. Viollet-le-Duc, sicher einer
derjenigen Architekten, welche am meisten berufen sind,
sich über diese Fragen auszusprechen, verurtheilt scharf
den vornehm absprechenden Ton, welcher in gewissen
Kreisen diesseits und jenseits des Rheins heutzutage
über die Römische Architektur in die Mode gekommen
ist. „Der Römer, so schließt er in den „Entretiens
sur l'architecture" (Paris 1859) seine Betrachtung
über die Römische Architektur, tappt nie herum; es ist
dies ein Zeichen einer sehr vorgerückten Civilisation, die
Alles dem öffentlichen Urtheile unterwirft. Der Römer
ordnet wie ein Meister an, der genau weiß, was er
will und was er soll, und er versteht den Gehorsam zu
erzwingen, weil er es vermag, sich verständlich zu machen. Nach ihnen gibt es in der Kunst der Architektur
nichts mehr genau Präcisirtes; es gibt keine Regierun-
gen mehr, die den Künsten befehlen, es gibt nur Künstler, welche die vagen Ideen, die man ihnen unterschiebt,
interpretiren, so gut es geht und wenn sie auch zu aner-

kennungswerthen Resultaten gelangen, nicht mehr zu dem
mächtigen Verstand jener Einheit, die den eigentlichen
Grund des Charakters der Römischen Architektur bildet.
Heutzutage noch sind wir, trotz unserer Civilisation,
trotz der Gewalt unserer Institutionen, im Argen
und in Unordnung in Sachen der Kunst. Wir wissen
nicht, was wir wollen, und unsere öffentlichen Gebäude,
kaum vollendet, lassen uns das wahrnehmen, was ihnen fehlt und was wir thun müssen, um sie zu ver-
bessern oder um sie mit großen Kosten neu zu bauen. Unsere Künstler streiten über den Styl, nehmen ihren Geist
für eine bestimmte architektonische Ordnung gefangen,
tadeln oder loben, adoptiren oder verwerfen eine Tradition oder Form der Kunst. Aber an die große und
wahre Art, Architektur zu würdigen, wie sie einem großen Volke ziemt, denken sie kaum, glücklich, daß man
ihnen die Profile läßt, die sie lieben, um sie unter die
Säulen und Thürmchen zu setzen. Sind wir Lateinischen Ursprunges, wie man sagt, so gleichen wir ihnen
wenigstens in den Eigenschaften, die sie auszeichnen.
Aber ich fürchte, daß wir uns vielmehr den Römer-
Griechen von Byzanz nähern, die über das Licht vom
Thabor stritten, während die Heere Mohammed's II.
ihre Mauern erschütterten.“

Notizen über zwei Bilder der alt-Flandrischen Schule.

Der Oesterreichische Alterthums-Verein verdankt der Freundlichkeit der Herren A. Artaria und Hans Gasser zwei ausgezeichnete Gemälde der Flandrischen Schule, die er in seiner wissenschaftlichen Besprechung vom 23. d. M. vorführen konnte, und zwar ein Gemälde, welches unmittelbar der Eyck'schen Schule angehört, und ein zweites Werk, welches den Namen Hemling's trägt.

Das dem van Eyck zugeschriebene Gemälde, auf Holz gemalt, 3' 4" breit, 4' 2" hoch, war einst im Besitze eines Kunsthändlers in München. In einer offenen Halle sitzt die Mutter Gottes und reicht dem Christkinde die rechte Brust. Ihr gegenüber ist in halbknieender Stellung ein Kanonikus, — vielleicht ein Mitglied einer Flämischen Lucasgilde — der die Madonna mit einem Stifte auf ein Blatt zeichnet. Dieser Kanonikus ist offenbar Porträt. Durch das Doppelfenster öffnet sich der Blick auf eine Art von Flußhafen, der an einer Stadt gelegen, von Hügeln umgeben ist, die sich weit in die Ferne ausdehnen. An der krennelirten Mauer des Hafens stehen zwei Figuren, ein Mann und eine Frau, die auf den Hafen hinausschauen.

Das Bild ist trefflich erhalten. Der tiefe gesättigte Ton, die klare Farbe und die Durchbildung des Details, welche kein Detail verschmäht und doch dem

*

Ganzen einen Charakter und Haltung bewahrt, kenn-
zeichnen das Bild als das Werk eines Meisters der
Flandrischen Schule, in welcher gleichermaßen die bürgerliche Tüchtigkeit der reichen Städtebewohner und
der Glanz des Burgundischen Hofes zu einem bewun-
dernswerthen Ausdrucke gekommen sind.

Das Hemling'sche Bild, Eigenthum des Herrn
A. Artaria, ist ein Flügelaltar, dessen Flügel nach
Außen und Innen bemalt sind. Auf der äußeren Seite
der beiden Flügel sind in ganzer Figur die Donatoren
und Besitzer des Bildes dargestellt. Auf einem der
äußeren Flügel ist warscheinlich ein Flandrischer Graf
mit Harnisch dargestellt, über welchen ein grüner Mantel
geschlagen ist. Auf dem Kopfe trägt er eine Pelzkappe,
in der rechten Hand hält er Pfeile, in der linken den
Bogen, vielleicht als Vorstand einer Schützengilde. Auf
dem anderen Flügel ist seine Frau, mit einem offenen
Gebetbuche in der rechten Hand dargestellt; in der
linken führt sie ihren Sohn. Im Innern stellt der
Altar auf dem mittleren Bilde den h. Michael dar, im
Kampf gegen Dämonen; auf einem Flügel ist der
h. Hieronymus, auf dem anderen der h. Antonius in
ganzer Figur stehend abgebildet. Das Mittelbild mit
dem in reichen und weiten Gewändern gekleideten
h. Michael, dessen Antlitz voll Milde und engelhafter
Reinheit ist, zeigt überschwänglich phantastische Teufels-

gestalten, und in der oberen Ecke, Gott Vater segnend,
und eine Gruppe von Engeln im Kampfe mit den Dämonen. Der h. Hieronymus des einen Flügels ist eine
im Kardinalgewande gekleidete Gestalt, voller Würde
und Adel des Ausdruckes mit einem Kreuzstabe in der
Hand. In den Händen trägt er ein offenes Buch, zu
seinen Füßen liegt der Löwe. Die Figur scheint Porträt;
die hohe kahle Stirne, die feingebogene Nase scheinen
darauf hinzudeuten; ebenso scheint es mit dem h. Antonius von Padua, auf dessen offenem Buche ein kleiner
munter betender Knabe kniet, der Fall zu sein.

Das Bild auf Holz gemalt, ist trefflich erhalten und
von einer Schönheit, bei der es schwer ist, ob man die
Kunst des Vortrags oder die tiefe Empfindung des
Ausdrucks mehr bewundern soll. Das Gemälde befand
sich einst in der Sammlung des Herrn Adamovicz.
Das Mittelbild ist 25" hoch, 19" breit, jeder der
Flügel 25" hoch, 9" breit.

Aus diesem Anlasse wird es auch angemessen sein,
einige wenige die Chronologie der Künstler bezeichnende
Daten mitzutheilen. Bekanntermaßen gab es vier Eyck's,
welche in der Künstlergeschichte eine große Rolle spielen,
nämlich: Hubert, Johann, Lambert und Margaretha. Unter diesen vier genannten ist Hubert der
älteste, mit Johann zugleich der berühmteste; beide eben
so sehr als die Erfinder der Oelmalerei und zugleich als

die Gründer der Flanderischen Schule. Die Lebensverhältnisse Huberts sind weniger bekannt. Nach der An-
gabe van Mander's geb. zu Maaseyk (nach Baron
v. Keverberg zu Ouden- oder Aldereyck) um 1366,
starb er zu Gent am 28. September 1426.

Das Leben Johann van Eyck's ist in jüngster Zeit
durch eine Reihe von Dokumenten in ein ziemlich helles
Licht getreten, deren Publikation man vorzugsweise dem
Forscher in der Geschichte Burgunds, Conte Dela-
borde, verdankt; sein Geburtsjahr bleibt noch immer
unsicher und schwankt zwischen den Jahren 1396 und
1400. Vor dem Jahr 1420 kömmt kein authentisches
Gemälde vor. Schon in sehr jungen Jahren trat er als
Maler und „varlet de chambre" in die Dienste des
Bischofs Johann von Lüttich, eines Baiern von Geburt,
der im Jahre 1418 seine Bischofswürde niederlegte, um
die Erbin des Herzogthum von Luxemburg, Elisabeth
von Görlitz, zu heirathen. Im Jahre 1425, in welchem
der ehemalige Bischof starb, trat Johann van Eyck in
derselben Stellung in den Hofdienst Philipp des Guten
von Burgund; er machte im Auftrage des Herzogs viele
Reisen. In den Rechnungen wird er verschieden benannt
als: Jehan de Heick, Johannes de Eék, Van Eck, Deick,
Van der Eecke und Van Hycke. Er starb im Juli 1441
in dem Hause, welches heutzutage in Gent die Familie
Serweytens bewohnt.

Die kaiserliche Gallerie am Belvedere, die mehrere kleine wahrhaft kostbare Gemälde der beiden Eyck's besitzt, hat Eines mit einer Jahreszahl, nämlich 1436, am Porträt des Decan von Löwen.

Ueber die Lebensverhältnisse Lambert's und Margaretha van Eyck gibt es sehr wenig positive Thatsachen; es ist wahrscheinlich, daß Margaretha, die ältere Schwester des Johann, schon vor Hubert gestorben ist.

Zu den berühmtesten Künstlern der Flandrischen Schule gehört Hemling, Memmling oder, wie er eigentlich heißt, Hans van Memmelinghe. Seine Lebensverhältnisse sind sehr im Dunkeln, sein Name erst jüngst durch Urkunde festgestellt worden. Kanonikus Carton hat in einem Archiv in der Akademie von Brügge ein Dokument gefunden, aus dem hervorgeht, daß im Jahre 1483 Meister „Hans van Memelinghe" den Pascier van der Meersch zum Schüler aufgenommen hat. Das Todesjahr, 1499, steht jetzt ziemlich fest; sein Geburtsjahr jedoch schwankt zwischen den Jahren 1454 und 1455. Gewiß ist, daß er viel gereist, Italien, Deutschland, Frankreich gesehen, und in dem Heere Burgunds als Soldat gedient hat; die neuesten Belgischen Forscher halten ihn für einen Schüler des Rogier von Brügge.

—◦◦◦∘)∈€€∘◦◦◦ -

(Separatabdruck aus der Wiener Zeitung vom 29. Dezember 1859.)

CPSIA information can be obtained at www.ICGtesting.com
Printed in the USA
BVOW06s2001020913

330128BV00011B/538/P